Tacitus | Über die Germanen

TACITUS
Über die Germanen

Aus dem Lateinischen
übersetzt und kommentiert
von Ursula Blank-Sangmeister

Mit einem Nachwort
von Ursula Blank-Sangmeister
und Andreas Fahrmeir

Reclam

Originaltitel: *Germania* bzw. *De origine et situ Germanorum*

RECLAMS UNIVERSAL-BIBLIOTHEK Nr. 14478
2022, 2024 Philipp Reclam jun. Verlag GmbH,
Siemensstraße 32, 71254 Ditzingen
Umschlaggestaltung: Philipp Reclam jun. Verlag GmbH
Umschlagabbildung und Innenabbildungen: Lithographie aus *Ad. Lehmann's kulturgeschichtliche Bilder*, Leipzig o. J. (ca. 1890); Dortmund, Westfälisches Schulmuseum. © akg-images
Druck und Bindung: Esser printSolutions GmbH,
Untere Sonnenstraße 5, 84030 Ergolding
Printed in Germany 2024
RECLAM, UNIVERSAL-BIBLIOTHEK und
RECLAMS UNIVERSAL-BIBLIOTHEK sind eingetragene Marken der Philipp Reclam jun. GmbH & Co. KG, Stuttgart
ISBN 978-3-15-014478-7

Auch als E-Book erhältlich

www.reclam.de

Über Ursprung und Sitz der Germanen: Allgemeiner Teil – Land und Volk der Germanen

Die Grenzen Germaniens

1 (1) Germanien als Ganzes wird von den Galliern, den Rätern und Pannoniern durch den Rhein und die Donau und von den Sarmaten und Dakern durch die Furcht voreinander oder durch Gebirgszüge geschieden; das übrige Land umgibt das breite Landvorsprünge und riesige Inselwelten einschließende Weltmeer; erst in neuerer Zeit wurden einige seiner Völkerschaften und Könige bekannt, die uns durch den Krieg erschlossen wurden.

(2) Der Rhein entspringt auf einem unzugänglichen und schroffen Gipfel der Rätischen Alpen, wendet sich in einem leichten Bogen nach Westen und mündet im nördlichen Meer. Die Donau entströmt einem sanften, sacht ansteigenden Bergrücken des Schwarzwaldes und berührt mehrere Völker, ehe sie sich in sechs Mündungsarmen ins Schwarze Meer ergießt; ein siebter Arm versickert in sumpfigem Gelände.

Ursprung und Name(n) der Bewohner

2 (1) Bei den Germanen selbst handelt es sich, wie ich zu glauben geneigt bin, um Ureinwohner, die sich nicht im Zuge von Einwanderung und Aufnahme anderer Stämme (mit fremden Völkern) vermischt haben; zum einen kamen nämlich die Menschen, die ihren Wohnsitz wechseln wollten, in früheren Zeiten nicht auf dem Land-, sondern auf dem Seeweg, und zum anderen wird das sich jenseits von ihnen erstreckende unermessliche und uns gleichsam gegenüberliegende Weltmeer nur selten von Schiffen aus unseren Breiten angesteuert. Wer außerdem hätte, von der

Gefährlichkeit eines schreckenerregenden und unbekannten Meeres einmal abgesehen, Asien, Afrika oder Italien verlassen und sich nach Germanien begeben sollen, dessen Landschaften hässlich sind, das ein raues Klima hat und durch seine Lebensart und sein Aussehen abstoßend ist, es sei denn, es wäre seine Heimat?

(2) In alten Liedern, ihrer einzigen Quelle der Erinnerung und geschichtlichen Überlieferung, preisen die Germanen Tuisto, einen der Erde entsprossenen Gott. Ihm schreiben sie einen Sohn namens Mannus zu, den Ahnherrn und Begründer ihres Volkes, diesem wiederum drei Söhne; nach deren Namen werden die an der Küste des Ozeans wohnenden Stämme als Ingävonen, die in der Landesmitte als Hermionen, die anderen als Istävonen bezeichnet. Manche behaupten auch – die Urzeit bietet ja Raum für viele Spekulationen –, dass der Gott noch mehr Söhne gehabt habe und es folglich noch mehr Stammesnamen gebe – Marser, Gambrivier, Sueben und Vandilier – und dass dies die echten, alten Namen seien.

(3) Außerdem sei die Bezeichnung Germanien neueren Datums und erst vor Kurzem aufgekommen, da nur diejenigen, die als Erste den Rhein überquert und die Gallier vertrieben hätten, damals Germanen geheißen hätten. So habe sich der Name eines Landes, nicht eines Volkes, allmählich in der Weise durchgesetzt, dass alle (Stämme) zuerst von den Besiegten aus Furcht als Germanen bezeichnet worden seien, sie sich aber bald darauf auch selbst so genannt hätten, nachdem der Name einmal erfunden worden war.

Herkules und Odysseus in Germanien

3 (1) Sie berichten, dass auch Herkules bei ihnen gewesen sei, und wenn sie in die Schlacht ziehen, besingen sie ihn als den ersten aller Helden. Es gibt bei ihnen auch Lieder, durch deren Vortrag – bei ihnen †*baritum*† genannt – sie sich anfeuern; und allein anhand des Klanges sagen sie den Ausgang des bevorstehenden Kampfes voraus; sie verbreiteten nämlich Schrecken oder haben selber Angst, abhängig von der Art des Heeresgesangs; denn in ihm hört man weniger die Stimmen als den Zusammenklang ihres Kampfesmuts. Angestrebt werden vor allem ein rauer Ton und ein dumpfes Dröhnen, weshalb sie die Schilde vor den Mund halten, damit die Stimme durch den Widerhall voller und tiefer klingt.

(2) Manche sind übrigens der Meinung, dass es auch Odysseus auf jener sagenumwobenen langen Irrfahrt in diesen Teil des Weltmeeres verschlagen habe, dass er die Länder Germaniens besucht, die am Rheinufer gelegene und noch heute bewohnte Ortschaft Asciburgium gegründet und ihr den Namen Askipyrgion gegeben habe; dort sei einst sogar ein dem Odysseus geweihter Altar gefunden worden, der auch den Namen seines Vaters Laërtes trug, und im Grenzgebiet zwischen Germanien und Rätien seien noch immer etliche Denkmäler und Grabstätten mit griechischen Inschriften erhalten. (3) Diese Behauptungen will ich weder mit Beweisen untermauern noch widerlegen: Jeder möge ihnen nach eigenem Gutdünken Glauben schenken oder ihnen den Glauben verweigern.

Körperliche Eigenschaften der Germanen

4 Ich selbst schließe mich denjenigen an, nach deren Ansicht die Völker Germaniens sich durch keine Eheschließungen mit anderen Stämmen vermischt haben und einen eigenständigen, reinblütigen und nur sich selbst ähnelnden Menschenschlag darstellen. Daher haben auch alle – trotz ihrer sehr hohen Zahl – dieselben körperlichen Merkmale: trotzig blickende blaue Augen, rötliches Haar und groß gewachsene Körper, die jedoch nur zum Angriff taugen; Strapazen und Anstrengungen sind sie weniger gut gewachsen, können Durst und Hitze überhaupt nicht ertragen, sind allerdings aufgrund des Klimas oder (kargen) Bodens an Kälte und Hunger gewöhnt.

Natur des Landes, Erzeugnisse, Metalle

5 (1) Das Land weist im Einzelnen zwar beträchtliche Unterschiede auf, hinterlässt aber insgesamt aufgrund seiner Wälder einen schaurigen oder aufgrund seiner Sümpfe einen abstoßenden Eindruck. Nach Gallien hin gibt es mehr Niederschläge und in Richtung Noricum und Pannonien mehr Wind. Während Getreide gut gedeiht, ist das Land für Obstbäume ungeeignet; es ist reich an Vieh, das jedoch meist wenig ansehnlich ist. Selbst die Rinder lassen den sie üblicherweise auszeichnenden Stirnschmuck vermissen. Die Germanen freuen sich über deren hohe Zahl, und das Vieh ist ihr einziger und liebster Reichtum.

(2) Ob ihnen die Götter aus Güte oder im Zorn Silber und Gold vorenthalten haben, vermag ich nicht zu sagen. Dennoch möchte ich nicht behaupten, dass es in Germani-

en keine Silber- oder Goldadern gebe: Denn wer hätte je nach ihnen gesucht? Am Besitz oder Gebrauch (dieser Metalle) zeigen die Menschen kein großes Interesse. (3) Wie man sehen kann, behandeln sie silberne Gefäße, die man ihren Gesandten und Fürsten zum Geschenk gemacht hat, mit derselben Geringschätzung wie solche, die aus Ton gefertigt sind. Trotzdem haben unsere nächsten Nachbarn im Zuge des Handelsverkehrs Gold und Silber zu schätzen gelernt, kennen manche unserer Geldsorten und nehmen sie sehr gern. Weiter im Landesinneren wird noch der primitivere und altertümlichere Tauschhandel betrieben. Sie akzeptieren die alten und ihnen seit Langem bekannten Münzen, nämlich die Serraten und Bigaten. Und am Silber ist ihnen mehr gelegen als am Gold, nicht aufgrund einer besonderen inneren Vorliebe, sondern weil eine Anzahl von Silbermünzen für Leute, die nur gewöhnliche und billige Waren kaufen, leichter zu handhaben ist.

Kriegswesen

6 (1) Auch an Eisen herrscht kein Überfluss, wie sich aus der Art ihrer Waffen erschließen lässt. Nur wenige benutzen Schwerter oder größere Lanzen: Ihre Speere – in ihrer Sprache heißen sie Framen – sind mit einer schmalen, kurzen Eisenspitze versehen, die aber so scharf und zweckmäßig ist, dass sie dieselbe Waffe je nach Taktik sowohl im Nah- als auch im Fernkampf einsetzen können. Selbst ein Kavallerist begnügt sich mit Schild und Frame, während die Fußsoldaten jeweils mehrere Wurfspeere schleudern und sie überaus weit werfen können; dabei sind sie nackt oder nur mit einem leichten Umhang bekleidet. Jedes Protzen mit ihrer Ausrüstung liegt ihnen fern. Lediglich ihre Schilde bemalen sie in den buntesten Farben. Wenige Soldaten tragen einen Brustpanzer und nur der eine oder andere einen Helm aus Metall oder Leder.

(2) Die Pferde zeichnen sich weder durch Schönheit noch durch Schnelligkeit aus. Auch werden sie, anders als bei uns üblich, nicht dazu abgerichtet, verschiedene Wendungen durchzuführen: Man reitet sie in gerader Richtung und in einem einmaligen Schwenk nach rechts und bildet dabei einen so geschlossenen Bogen, dass niemand zurückbleibt.

(3) Insgesamt gesehen verfügen die Fußtruppen über die größere Schlagkraft; und daher kämpfen sie in gemischter Formation, wobei die Schnelligkeit der Fußtruppen genau auf den Reiterkampf abgestimmt ist. Diese aus der gesamten Jugend ausgewählten Krieger werden vor der Schlachtreihe postiert. Außerdem ist ihre Zahl festgelegt: Es sind jeweils hundert aus den einzelnen Gauen; als solche (Hundertschaften) werden sie auch von ihren Landsleuten bezeichnet, und was zuerst nur eine Zahlenangabe war, ist jetzt ein Ehrentitel.

(4) Die Schlachtreihe besteht aus (mehreren) keilförmigen Abteilungen. Ein Zurückweichen gilt, sofern man danach nur wieder vorrückt, eher als ein Zeichen von Klugheit als von Angst. Die Leichname ihrer Kameraden versuchen sie auch in Gefechten mit unklarem Ausgang zu bergen. Der Verlust eines Schildes gilt als außerordentliche Schande, und wer diese auf sich geladen hat, darf weder an Opfern teilnehmen noch die Volksversammlung besuchen, und viele, die den Krieg überlebten, haben ihrer Schmach durch den Strick ein Ende gesetzt.

7 (1) Für die Wahl ihrer Könige ist die adelige Herkunft ausschlaggebend, für die ihrer Heerführer die Tapferkeit. Die Macht der Könige ist indes weder unbegrenzt noch der Willkür unterworfen, und die Feldherren führen ihre Truppen eher kraft ihres Vorbilds als ihrer Befehlsgewalt, dadurch, dass sie bewundert werden, wenn sie entschlossen sind, wenn sie sich hervortun, wenn sie vor der Schlachtreihe kämpfen. Im Übrigen ist es nur den Priestern erlaubt, jemanden hinzurichten, in Fesseln zu legen oder auch nur zu schlagen; dies tun sie aber nicht, um jemanden zu bestrafen oder weil der Heerführer es befohlen hätte, sondern gleichsam auf Geheiß der Gottheit, die nach ihrem Glauben den Kriegern beisteht. (2) Deshalb nehmen die Germanen auch bestimmte Abbilder und Zeichen, die sie aus den heiligen Hainen geholt haben, mit in die Schlacht.

Ein besonderer Ansporn zur Tapferkeit ist die Tatsache, dass sich eine Reiterschwadron oder ein Keil nicht zufällig oder willkürlich zusammenfinden, sondern aus Familien und Verwandten bestehen. Und ihre engsten Angehörigen halten sich ganz in der Nähe (des Schlachtfeldes) auf, so dass die Krieger von dort das Geschrei der Frauen, von dort das Weinen der kleinen Kinder hören können. Sie sind für alle die heiligsten Zeugen, sie spenden ihnen das höchste Lob. Mit ihren Verletzungen gehen sie zu ihren Müttern und Ehefrauen: Diese scheuen sich nicht, die Hiebe zu zählen oder zu untersuchen, und versorgen die Kämpfenden mit Nahrung und sprechen ihnen Mut zu.

Die Rolle der Frau

8 (1) Angeblich wurden schon manche Schlachtreihen, die bereits ins Wanken geraten waren und zurückwichen, durch die Frauen wieder zum Stehen gebracht: indem sie inständig flehten, sich ihnen mit entblößter Brust entgegenwarfen und sie auf die unmittelbar drohende Gefangenschaft hinwiesen, die für die Germanen noch weitaus unerträglicher und furchterregender ist, wenn ihre Frauen betroffen sind. Deshalb wird ein Stamm noch nachhaltiger verpflichtet, wenn er unter den Geiseln auch vornehme Mädchen stellen muss.

(2) Die Germanen glauben sogar, dass den Frauen etwas Heiliges und Prophetisches innewohne, und so verachten sie nicht ihre Ratschläge noch missachten sie ihre Auskünfte. Wie wir gesehen haben, wurde zur Zeit des jetzt vergöttlichten Vespasian Veleda bei sehr vielen als eine Gottheit angesehen; früher aber verehrten sie auch eine Aurinia und mehrere andere Frauen, allerdings nicht, um ihnen auf servile Weise zu schmeicheln oder sie gleichsam zu Göttinnen zu erheben.

Religion: Götterkult und Glaube an Vorzeichen

9 (1) Unter den Göttern genießt Merkur die höchste Verehrung, und sie halten es für geboten, ihm an bestimmten Tagen auch Menschenopfer darzubringen. Herkules und Mars suchen sie durch erlaubte Lebewesen gnädig zu stimmen. Ein Teil der Sueben opfert auch der Isis. Den Grund und den Ursprung dieses fremden Kults habe ich nicht genau herausfinden können; das Symbol der Göttin in Form eines

Liburnerschiffes zeigt lediglich, dass der Kult übers Meer gekommen ist.

(2) Im Übrigen halten sie es mit der Erhabenheit der Himmelsbewohner für unvereinbar, die Götter in Wände einzuschließen oder ihnen ein menschenähnliches Aussehen zu verleihen. Sie weihen ihnen Lichtungen und Haine und bezeichnen mit Götternamen jenes geheimnisvolle Wesen, das sie nur in ehrfurchtsvoller Andacht schauen.

10 (1) Vorzeichen und Losorakel beachten sie sorgfältiger als andere Völker. Das herkömmliche Losverfahren ist einfach: Von einem fruchttragenden Baum schneiden sie einen Zweig ab, zerteilen ihn in Stäbchen, versehen diese mit verschiedenen Zeichen und verstreuen sie planlos und wie es der Zufall will auf einem weißen Tuch. Dann betet, wenn es sich um eine öffentliche Befragung handelt, der Stammespriester oder, wenn es um eine private Befragung geht, das Familienoberhaupt zu den Göttern, hebt, den Blick zum Himmel gerichtet, nacheinander drei Stäbchen auf und deutet sie gemäß den vorher eingekerbten Zeichen. Ist die Auskunft negativ, gibt es an diesem Tag in derselben Sache keine weitere Befragung; ist die Auskunft aber positiv, muss sie noch durch andere Vorzeichen bestätigt werden.

(2) In Germanien ist es gleichfalls üblich, die Stimmen und das Flugverhalten von Vögeln zu beobachten und zu deuten. Zu den Besonderheiten dieses Volkes gehört es, auch die Vorzeichen und Hinweise von Pferden zu erkunden. Auf Kosten der Allgemeinheit werden in denselben (göttlichen) Hainen und Lichtungen Schimmel gehalten, die noch mit keiner irdischen Arbeit in Berührung gekommen sind; sie werden vor einen heiligen Wagen ge-

spannt und von einem Priester sowie einem König oder einem Stammesfürsten begleitet, die auf das Wiehern und Schnauben der Pferde achtgeben. Und kein Vorzeichen gilt als zuverlässiger, weder beim einfachen Volk noch bei den Vornehmen oder den Priestern; diese halten sich nämlich nur für die Diener der Götter, die Pferde jedoch für deren Vertraute.

(3) Sie achten auch noch auf andere Vorzeichen, aufgrund derer sie den Ausgang schwerer Gefechte herauszufinden suchen: Sie bringen auf irgendeine Weise einen Mann aus dem Stamm, mit dem sie gerade Krieg führen, in ihre Gewalt und lassen ihn gegen einen aus den eigenen Leuten ausgewählten Gegner antreten, jeden in seinen heimischen Waffen. Der Sieg des einen oder anderen gilt dann als Vorentscheidung.

Stammesverfassung und Rechtsprechung

11 (1) Über weniger wichtige Angelegenheiten entscheiden die Stammesfürsten, über die wichtigeren alle gemeinsam, wobei aber auch die Dinge, über die das Volk zu beschließen hat, vorher von den Stammesfürsten beraten werden. Die Germanen versammeln sich, außer wenn etwas Unvorhergesehenes oder Unerwartetes eintritt, an ganz bestimmten Tagen, entweder bei Neu- oder bei Vollmond. Nach ihrer Auffassung ist dies nämlich der günstigste Zeitpunkt für den Beginn ihrer Unternehmungen. Sie rechnen auch nicht, so wie wir, nach Tagen, sondern nach Nächten; dementsprechend setzen sie ihre Termine fest, dementsprechend treffen sie ihre Verabredungen. Sie sind der Meinung, dass die Nacht dem Tag vorausgeht.

Ihre Freiheitsliebe ist der Grund für die Unsitte, dass sie nicht gleichzeitig und auch nicht wie auf Befehl zusammenkommen, sondern aufgrund ihres sehr zögerlichen Eintreffens zwei oder drei Tage ungenutzt verstreichen lassen. (2) Sobald es der Menge beliebt, nehmen die Männer ihre Plätze ein, und zwar in Waffen. Durch die Priester, die nun auch das Recht haben, Strafen zu verhängen, wird Ruhe geboten. Danach wird – ihrem Alter, Adel, Kriegsruhm und ihrer Rednergabe entsprechend – der König oder ein Stammesfürst angehört, wobei ihre Überzeugungskraft eine größere Rolle spielt als ihre Befehlsbefugnis. Wenn ein Vorschlag missfällt, wird er durch Murren zurückgewiesen; findet er aber Gefallen, werden die Framen aneinandergeschlagen: Mit den Waffen Lob zu spenden ist die ehrenvollste Art der Zustimmung.

12 (1) In der Versammlung kann man auch Klage erheben und einen Prozess über Leben und Tod anstrengen. Die Strafen richten sich nach der Art des Verbrechens: Verräter und Überläufer werden an Bäumen aufgehängt, Feiglinge, Kriegsscheue und Männer, die sich der körperlichen Unzucht schuldig gemacht haben, in Sümpfen und Mooren versenkt und darüber hinaus mit Flechtwerk bedeckt. Die unterschiedlichen Formen der Hinrichtung erklären sich aus der Absicht, die Bestrafung von Verbrechen gleichsam offen zu zeigen, Schandtaten aber zu verbergen. (2) Doch auch leichtere Vergehen finden ihre entsprechende Strafe: Wer einer Verfehlung überführt ist, wird mit der Abgabe einer bestimmten Anzahl von Pferden und Vieh bestraft. Ein Teil der Buße fällt dem König oder der Gemeinschaft zu, ein Teil dem Geschädigten oder dessen Verwandten.

(3) In denselben Versammlungen werden auch die Stammeshäupter gewählt, die in ihren Gauen und Dörfern Recht sprechen; jedem von ihnen stehen jeweils hundert Männer aus dem Volk zur Seite, sowohl als Berater als auch zur Bekräftigung ihrer Autorität.

Gefolgschaftswesen

13 (1) Bei sämtlichen öffentlichen und privaten Aktivitäten tragen die Germanen Waffen. Es ist jedoch Sitte, dass jemand erst dann die Waffen anlegt, wenn die Stammesgemeinschaft ihn für wehrfähig erklärt hat. Dann statten in der Versammlung einer der führenden Männer, der Vater oder die Verwandten den jungen Mann mit Schild und Frame aus: Dies ist bei ihnen dasselbe wie bei uns das Anlegen der Männertoga, dies ist die erste Auszeichnung der jungen Männer. Vorher gelten sie als Angehörige der häuslichen Familie, danach als Mitglieder des Gemeinwesens.

(2) Eine illustre adelige Herkunft oder große Verdienste der Väter tragen auch ganz jungen Männern die Wertschätzung eines Gefolgsherrn ein; sie werden †in den Kreis derer† aufgenommen, die schon kräftiger sind und sich bereits seit Langem bewährt haben; und es ist auch keine Schande, sich unter den Gefolgsleuten zu zeigen. Selbst bei diesen gibt es unterschiedliche Rangstufen, über die der Gefolgsherr entscheidet. Unter den Gefolgsleuten herrscht daher ein großer Wettstreit, wer bei seinem Herrn die erste Stelle einnimmt, und die Gefolgsherren wetteifern darum, wer über das größte und engagierteste Gefolge verfügt. (3) Darauf beruht ihr Ansehen, darauf ihre Macht: Stets von

einer großen Schar erlesener junger Männer umgeben zu sein bedeutet Ehre in Friedenszeiten und Schutz im Krieg. Und nicht nur im eigenen Volk, sondern auch in den benachbarten Stämmen machen sich Gefolgsherren einen Namen und erwerben Ruhm, wenn ihr Gefolge sich durch seine Größe und Tapferkeit auszeichnet; dann werden sie nämlich von Gesandtschaften umworben und mit Geschenken geehrt, und sehr häufig verhindern sie allein durch ihre Reputation den Ausbruch von Kriegen.

14 (1) Kommt es zum Gefecht, ist es für den Gefolgsherrn eine Schande, an Tapferkeit übertroffen zu werden, und eine Schande für die Gefolgsleute, nicht ebenso tapfer zu sein wie ihr Herr. Erst recht ehrlos und schmachvoll für ihr gesamtes Leben ist es, wenn sie ihren Gefolgsherrn überleben und selbst heil aus der Schlacht zurückkehren. Ihn zu verteidigen, ihn zu schützen und die eigenen tapferen Taten seinem Ruhm zuzuschreiben ist ja die vornehmste Verpflichtung: Die Gefolgsherren kämpfen um den Sieg, die Gefolgsleute für ihren Herrn.

(2) Wenn der Stamm, in dem sie aufgewachsen sind, infolge einer langen Zeit des Friedens und des Nichtstuns träge geworden ist, suchen sehr viele junge Adelige von sich aus die Völkerschaften auf, die gerade irgendeinen Krieg führen: Denn dieser Menschenschlag verabscheut die Untätigkeit, zudem wird man inmitten von Gefahren leichter berühmt, und ein großes Gefolge lässt sich nur durch gewalttätige und kriegerische Aktionen unterhalten. Die Gefolgsleute erwarten nämlich von der Freigebigkeit des Gefolgsherrn ihr Kriegspferd und die Frame, mit der sie ihre blutigen Siege erringen; denn die tägliche Verpflegung und die zwar schlichten, aber üppigen Festessen betrachten sie

nur als (den ihnen zustehenden) Sold. (3) Die Mittel für diese großzügigen Zuwendungen werden durch Kriege und Raubzüge beschafft. Ein Germane lässt sich weniger leicht dazu überreden, das Land zu pflügen oder die Jahresernte abzuwarten, als dazu, den Feind herauszufordern und verdienstvolle Wunden davonzutragen; ja, es gilt sogar als Zeichen von Faulheit und Schwäche, mit Schweiß zu erwerben, was man mit Blut erringen kann.

15 (1) Wenn sie nicht in den Krieg ziehen, gehen sie ein wenig auf die Jagd, verbringen aber mehr Zeit damit, nichts zu tun, ausgiebig zu schlafen und zu essen – gerade die Tapfersten und Kriegerischsten sind völlig untätig –, da sie die Sorge um Haus und Hof ebenso wie die Feldarbeit den Frauen, Alten und Schwächsten der Familie überlassen: Sie selbst liegen auf der faulen Haut, ein wundersamer Widerspruch in ihrem Charakter, weil dieselben Männer die Trägheit so sehr lieben und zugleich die Ruhe hassen.

(2) Bei den Stämmen ist es Sitte, dass jeder freiwillig einen Teil seines Viehs oder seiner Feldfrüchte an die Gefolgsherren abtritt, was als Ehrengabe angenommen wird und auch dem Bestreiten des Lebensunterhaltes dient. Sie freuen sich besonders über Geschenke benachbarter Völkerschaften, die ihnen nicht nur von Einzelpersonen, sondern auch im Namen der Stammesgemeinschaft geschickt werden: erlesene Pferde, prachtvolle Waffen, Brustschmuck und Halsketten; von uns haben sie inzwischen auch gelernt, Geld anzunehmen.

Siedlungsweise und Hausbau

16 (1) Es ist hinlänglich bekannt, dass die Völker der Germanen keine Städte bewohnen und überhaupt geschlossene Siedlungen ablehnen. Sie siedeln getrennt und verstreut, je nachdem, wie eine Quelle, ein Feld oder ein Wald ihnen gerade gefällt. Ihre Dörfer errichten sie nicht wie bei uns üblich in Form von aneinandergereihten und zusammenhängenden Gebäuden: Jeder lässt um sein Haus einen freien Raum, sei es als Brandschutz, sei es aus Unkenntnis im Bauen. (2) Sie kennen nicht einmal Bruchsteine oder Ziegel, sondern verwenden für alles unbearbeitetes Holz, ohne auf ein gefälliges Aussehen zu achten. Manche Flächen bestreichen sie recht sorgfältig mit einer so reinen und glänzenden Erde, dass sie wie ein Gemälde und farbiges Linienwerk aussehen. (3) Sie pflegen auch unterirdische Gruben auszuheben, die sie oben mit einer dicken Mistschicht abdecken, ein Schutz vor dem Winter und ein Speicher für die Feldfrüchte; solche Höhlen mildern ja die strenge Kälte, und wenn ein Feind kommt, plündert er nur die zugänglichen Räume, während die verborgenen und ausgegrabenen unentdeckt bleiben oder nicht bemerkt werden, weil man erst nach ihnen suchen müsste.

Kleidung

17 (1) Als Kleidung dient allen ein Umhang, der mit einer Fibel oder (in Ermangelung einer solchen) mit einem Dorn zusammengehalten wird. Ansonsten sind sie nicht weiter bekleidet und verbringen ganze Tage am Herdfeuer. Die Wohlhabendsten tragen noch ein Untergewand, das aber nicht wie bei den Sarmaten und Parthern locker herabfällt, sondern eng anliegt und die einzelnen Gliedmaßen deutlich hervortreten lässt. Sie kleiden sich auch in Tierfelle; bei diesen sind die Bewohner der Ufer von Rhein und Donau nicht sehr wählerisch, die im Landesinneren aber anspruchsvoller, da sie aufgrund fehlender Handelsbeziehungen über sonst keine Luxusgüter verfügen. Sie bevorzugen bestimmte Wildarten und besetzen die abgezogenen Felle mit Pelzstücken von Tieren, die am äußeren Rand des Ozeans und in einem noch unerforschten Meer beheimatet sind.

(2) Die Tracht der Frauen ist nicht anders als die der Männer, nur dass die Frauen sich des Öfteren in leinerne Umhänge hüllen, die sie purpurrot färben; der obere Teil des Gewandes hat keine Ärmel, so dass Unter- und Oberarme nackt sind; aber auch der obere Teil der Brust bleibt frei.

Ehe

18 (1) Dennoch hat man dort eine strenge Auffassung von der Ehe, und kein Teil ihrer Sitten verdient mehr Lob. Denn sie sind fast die einzigen Barbaren, die sich mit nur einer Ehefrau begnügen, mit Ausnahme einiger weniger, die allerdings nicht aus sinnlicher Begierde davon abweichen, sondern weil sie wegen ihres Adels sehr viele Heiratsanträge erhalten.

(2) Nicht die Frau stellt ihrem Ehemann die Mitgift, sondern der Mann seiner Ehefrau. Bei der Übergabe sind die Eltern und Verwandten zugegen; sie begutachten die Geschenke, die nicht dazu bestimmt sind, der Frau Freude zu machen und die Neuvermählte zu schmücken; vielmehr

handelt es sich um Rinder, ein aufgezäumtes Pferd und einen Schild samt Frame und Schwert. Im Austausch gegen diese Gaben wird die Frau aufgenommen, und auch sie überreicht ihrem Gatten eine Waffe. Dies gilt bei ihnen als das stärkste Band, dies als geheimnisvolle Weihe, dies als göttlicher Schutz der Ehe. (3) Die Frau soll indes nicht glauben, dass das Streben nach tapferer Bewährung und die Wechselfälle des Krieges sie nichts angehen; deshalb wird sie bei den Auspizien zu Beginn ihrer Ehe daran erinnert, dass sie kommt, um ihren Mann in Mühsal und Gefahr zu begleiten, in Krieg und Frieden dasselbe Schicksal zu ertragen und dieselben Wagnisse auf sich zu nehmen: Darauf deuten das Ochsengespann, darauf das aufgezäumte Pferd, darauf die überreichten Waffen. So müsse sie leben, so sterben: Die Gaben, die sie empfange, müsse sie in würdevoller Reinheit an ihre Kinder weitergeben; dann würden ihre Schwiegertöchter sie erhalten und wiederum auf die Enkel übertragen.

19 (1) Folglich verbringen die Frauen ihr Leben in wohlbehüteter Keuschheit, von keinen verführerischen Schauspielen und aufreizenden Gelagen verdorben. Ein geheimer Briefwechsel ist den Männern ebenso unbekannt wie den Frauen. Trotz der so hohen Bevölkerungszahl ist Ehebruch äußerst selten und darf von den Männern umgehend bestraft werden: Nachdem er ihr die Haare kurz geschnitten hat, jagt der Ehemann seine Frau in Gegenwart der Verwandten halbnackt aus dem Haus und treibt sie mit Schlägen durch das ganze Dorf; die Preisgabe der Keuschheit ist nämlich unverzeihlich: Eine solche Frau wird keinen Mann mehr finden, mag sie auch noch so schön, jung oder reich sein. Denn dort lacht niemand über die Laster, und Verführen und Sichverführenlassen gilt nicht als Zeichen von Modernität.

(2) Noch besser freilich steht es bislang um die Stämme, in denen nur Jungfrauen heiraten und es mit den Hoffnungen und Wünschen einer Frau ein für alle Mal sein Bewenden hat. Sie bekommen – ebenso, wie sie nur einen Körper und nur ein Leben bekommen haben – auch nur einen Mann, damit sie sich darüber hinaus keinen Gedanken machen, damit das Verlangen ihn nicht überdauert und sie gewissermaßen nicht den Ehemann, sondern die Ehe lieben. Die Zahl der Kinder zu beschränken oder eines der nachgeborenen zu töten gilt als schändliches Verbrechen, und durch die guten Sitten wird dort mehr erreicht als andernorts durch gute Gesetze.

Kindererziehung, Familienbande, Erbrecht

20 (1) In jedem Haus wachsen die Kinder nackt und schmutzig auf und entwickeln so die – von uns bewunderten – Gliedmaßen und Körper. Jedes Kind wird von seiner eigenen Mutter gestillt und weder Mägden noch Ammen überlassen. Die Kinder von Herren und Sklaven lassen sich nicht anhand sanfterer Erziehungsmethoden voneinander unterscheiden: Sie leben zusammen mit demselben Vieh auf demselben Erdboden, bis das Alter die freigeborenen von den anderen trennt und die Virtus sie (als ihre Söhne) anerkennt.

(2) Mit dem Sex lassen die jungen Männer sich Zeit, weshalb ihre Zeugungskraft unverbraucht ist. Auch die jungen Mädchen werden nicht allzu früh verheiratet. Daher haben sie dieselbe jugendliche Frische und sind ähnlich groß und

schlank. Als ebenbürtige und gleichstarke Partnerinnen gehen sie die Ehe ein, und die Kraft der Eltern spiegelt sich in den Kindern.

(3) Die Söhne der Schwestern genießen bei ihrem Onkel dieselbe Wertschätzung wie bei ihrem Vater. Wie manche glauben, sind diese Blutsbande noch heiliger und enger, und so werden vorzugsweise diese Söhne als Geiseln gefordert, weil man glaubt, auf diese Weise die Herzen fester an sich zu binden und die Sippe auf breiterer Basis zu verpflichten. Erben und Rechtsnachfolger sind jedoch immer nur die eigenen Kinder, Testamente gibt es nicht. Im Falle von Kinderlosigkeit sind die Brüder und Onkel väterlicher- und mütterlicherseits die nächsten Erbberechtigten. Je mehr Blutsverwandte und Verschwägerte jemand hat, desto angesehener ist er im Alter. Kinderlosigkeit bringt keinerlei Vorteile.

Feindschaften, Freundschaften, Gastfreundschaft

21 (1) Es besteht die unbedingte Pflicht, sowohl die Feindschaften als auch die Freundschaften des Vaters oder eines Verwandten zu übernehmen; aber sie dauern nicht unversöhnlich fort; denn sogar die Tötung eines Menschen lässt sich durch die Abgabe einer bestimmten Anzahl von Groß- und Kleinvieh sühnen, und die gesamte Sippe nimmt die Buße an. Das ist nützlich für die Allgemeinheit, weil angesichts der allgemein herrschenden Freiheit Fehden sehr gefährlich sind.

(2) Geselligkeit und Gastfreundschaft werden von keinem anderen Volk hingebungsvoller gepflegt. Jemandem, wer es auch sei, die Aufnahme in sein Haus zu verweigern,

gilt als Frevel; gemäß seinen Vermögensverhältnissen bewirtet jeder den Gast an einem reich gedeckten Tisch. Sind die Vorräte aufgezehrt, verweist der, der eben noch Gastgeber war, seinen Besucher auf ein anderes Quartier und begleitet ihn dorthin; uneingeladen betreten sie das nächste Gehöft. Und darauf kommt es auch nicht an: Sie werden mit der gleichen Herzlichkeit aufgenommen. Beim Gastrecht macht niemand einen Unterschied zwischen einem Bekannten und einem Fremden: Zwischen Gastfreunden wird die Kost geteilt. Wenn ein Gast bei seiner Abreise um etwas bittet, ist es Sitte, seinen Wunsch zu erfüllen; und mit derselben Unbefangenheit verlangt man eine Gegengabe. Man freut sich über Geschenke, rechnet sie aber dem Beschenkten nicht an und fühlt sich durch sie nicht verpflichtet.

Tagesablauf und Gelage

22 (1) Gleich nach dem Schlaf, den sie meist bis in den Tag hinein ausdehnen, waschen sie sich, des Öfteren mit warmem Wasser, weil bei ihnen fast immer Winter ist. Nach dem Waschen nehmen sie eine Mahlzeit ein; dabei hat jeder seinen eigenen Sitzplatz und seinen eigenen Tisch. Danach gehen sie ihren Geschäften nach oder begeben sich nicht weniger häufig zu Gelagen, und zwar in Waffen. Tag und Nacht durchzuzechen gilt für niemanden als Schande. Die unter Betrunkenen ja oftmals ausbrechenden Streitigkeiten beschränken sich selten auf Beschimpfungen, sondern enden recht oft mit Totschlag und (gegenseitigen) Verletzungen. (2) Doch auch über die Aussöhnung von Feinden, das Knüpfen verwandtschaftlicher Beziehungen, die Wahl von Gefolgsherren und sogar über Krieg und Frieden wird sehr häufig bei einem Gelage beraten, weil man angeblich zu keiner Zeit für ehrliche Überlegungen aufgeschlossener ist oder sich für bedeutende stärker erwärmen kann. Dieser Menschenschlag, der weder hinterhältig noch durchtrieben ist, gibt in der ausgelassenen Atmosphäre seine vorher verborgenen innersten Gedanken preis; so zeigt sich nun ganz unverhüllt und offen, was alle denken. Am Tag darauf wird alles noch einmal verhandelt, und für die beiden verschiedenen Zeitpunkte gibt es einen vernünftigen Grund: Sie beraten, wenn sie nicht in der Lage sind, sich zu verstellen, und treffen ihre Entscheidungen, wenn sie sich nicht irren können.

Ernährung

23 Als Getränk dient ihnen ein Gebräu aus Gerste oder Weizen, das zu einer Art Wein vergoren ist. Die Bewohner der Ufer von Rhein und Donau kaufen auch Wein. Die Nahrung ist schlicht: wildwachsende Früchte, frisches Wildbret oder geronnene Milch. Sie vertreiben den Hunger, ohne die Speisen aufwendig zuzubereiten oder zu würzen. Beim Stillen des Durstes sind sie nicht so maßvoll. Wenn man auf ihre Trunksucht einginge und ihnen so viel zu trinken gäbe, wie sie wollen, würde man sie leichter mithilfe ihrer Laster als mit Waffengewalt besiegen.

Spiele

24 (1) Sie kennen nur eine Art des Schauspiels, das sich bei jeder Zusammenkunft wiederholt: Junge Männer, für die das Ganze ein Spiel ist, werfen sich mit nacktem Oberkörper im Sprung zwischen Schwerter und feindlich drohende Framen. Aus der Übung ist Geschicklichkeit geworden, aus der Geschicklichkeit Eleganz. Es geht ihnen nicht um Geld oder Gewinn: Das Vergnügen der Zuschauer ist der Lohn für ihre Ausgelassenheit, mag sie auch noch so verwegen sein.

(2) Das Würfelspiel betreiben sie seltsamerweise in nüchternem Zustand wie eine ganz ernsthafte Angelegenheit. Beim Gewinnen und Verlieren legen sie eine so große Leichtfertigkeit an den Tag, dass sie, wenn sie alles verloren haben, mit einem allerletzten Wurf um ihre Freiheit und ihren Körper spielen. Der Verlierer begibt sich freiwillig in die Sklaverei. Selbst wenn er jünger, selbst wenn er kräftiger ist, lässt er sich fesseln und verkaufen. So groß ist in einer verkehrten Sache ihr Starrsinn, den sie selbst als Treue bezeichnen. Die auf diese Weise Versklavten verkaufen sie weiter, um sich auch selbst von der Peinlichkeit des Sieges zu befreien.

Unfreie und Freigelassene

25 (1) Im Übrigen verwenden sie ihre Sklaven anders als wir, wo die Aufgaben unter dem Gesinde genau festgelegt sind. Dort hat nämlich jeder Sklave sein eigenes Gehöft und führt seinen eigenen Hausstand. Der Herr verlangt von ihm – wie von einem Pächter – eine bestimmte Menge an Getreide, Vieh und Tuch, und nur insoweit muss der Sklave gehorchen. Die sonstigen häuslichen Aufgaben werden von der Ehefrau und den Kindern verrichtet. Selten wird ein Sklave mit Prügel, Fesselung und Zwangsarbeit bestraft. Gewöhnlich wird er, so wie ein Feind, totgeschlagen, nicht um ein strenges Exempel zu statuieren, sondern in einem Anfall von Jähzorn, wobei ein solcher Totschlag aber nicht unter Strafe steht.

(2) Die Freigelassenen stehen nicht viel höher als die Sklaven; im Haus haben sie selten irgendeine Bedeutung, nie aber innerhalb der Stammesgemeinschaft, die Völkerschaften ausgenommen, die von Königen regiert werden. Dort nämlich können sie auch einen höheren Rang als die Freigeborenen und Adeligen einnehmen. Bei den anderen Stämmen ist die untergeordnete Stellung der Freigelassenen ein Beweis für die dort herrschende Freiheit.

Landwirtschaft

26 (1) Geld gegen Zinsen gewinnbringend auszuleihen ist (bei den Germanen) unbekannt; und deshalb bleiben sie davor nachhaltiger geschützt, als wenn es verboten wäre. (2) Die Felder werden gemäß der Zahl derer, die sie bestellen, von allen gemeinsam in Gebrauch genommen und dann nach ihrem Rang untereinander aufgeteilt; die Größe der Ländereien ermöglicht eine problemlose Verteilung. (3) Die Anbauflächen werden jährlich gewechselt, wobei ein Teil des Landes brach liegen bleibt. Sie kämpfen nämlich nicht in mühevoller Arbeit mit der Fruchtbarkeit und Weiträumigkeit des Bodens, indem sie Obstpflanzungen anlegen, Wiesen abtrennen und Gemüsegärten bewässern. Sie verlangen vom Boden nur, dass er die Saat aufgehen lässt. (4) Daher unterteilen sie das Jahr auch nicht in ebenso viele Abschnitte wie wir. Vom Winter, Frühling und Sommer haben sie eine Vorstellung und kennen die Bezeichnungen; der Begriff des Herbstes ist ihnen ebenso unbekannt wie dessen Gaben.

27 (1) Die Bestattungen sind sehr schlicht. Man achtet lediglich darauf, dass die Leichname berühmter Männer mit bestimmten Holzarten verbrannt werden. Den Scheiterhaufen bedecken sie weder mit vielen Decken noch mit Räucherwerk. Jedem werden die eigenen Waffen beigegeben, manche werden auch mit ihrem Pferd verbrannt. Über dem Grab erhebt sich ein Rasenhügel: Die Ehrung durch hohe und aufwendige Grabdenkmäler lehnen sie als Last für die Verstorbenen ab.

Mit dem Jammern und Weinen hören sie bald wieder auf, doch an Schmerz und Trauer tragen sie lange. Für die Frauen ziemt sich die Klage, für die Männer stilles Gedenken.

(2) Dies sind die Dinge, die wir ganz allgemein über den Ursprung und die Sitten aller Germanen in Erfahrung gebracht haben. Jetzt möchte ich darlegen, inwieweit sich die Einrichtungen und Gebräuche der einzelnen Völkerschaften voneinander unterscheiden und welche Stämme aus Germanien in die gallischen Provinzen ausgewandert sind.

Über Ursprung und Sitz der Germanen: Die einzelnen Stämme der Germanen

28 (1) Dass die Gallier einst stärker waren, überliefert meine hervorragendste Quelle, der göttliche Iulius (Caesar); deshalb ist es glaubhaft, dass auch Gallier nach Germanien eingewandert sind. Wie wenig konnte nämlich ein Strom verhindern, dass ein Stamm, sobald er erstarkt war, seinen Wohnsitz wechselte und Gebiete besetzte, die damals noch allen zur Verfügung standen und noch nicht unter mächtigen Königen aufgeteilt waren!

(2) So siedelten zwischen dem Herkynischen Wald und dem Rhein und dem Main die Helvetier, weiter östlich die Bojer, beides gallische Stämme. Der Name Boihaemum hat sich bis heute erhalten und verweist auf die Frühgeschichte des Landes, auch wenn die Bewohner jetzt gewechselt haben.

(3) Ob jedoch die Aravisker aus dem Gebiet der Oser, eines Stammes der Germanen, in Pannonien oder aber die Oser aus dem Land der Aravisker in Germanien eingewandert sind, ist ungewiss, da beide Völkerschaften noch immer dieselbe Sprache und dieselben Einrichtungen und Sitten haben; einstmals waren nämlich aufgrund der gleichen Armut und der gleichen Unabhängigkeit die Vor- und Nachteile an beiden Donauufern identisch.

(4) Die Treverer und Nervier erheben sogar den Anspruch, von den Germanen abzustammen, so als könnten sie sich durch diesen Adel des Blutes von den Galliern und deren Trägheit unterscheiden.

Am Rheinufer selbst wohnen zweifellos germanische Völkerschaften, nämlich die Vangionen, Triboker und Nemeten. Auch die Ubier schämen sich nicht ihrer Herkunft, obwohl sie sich den Status einer römischen Kolonie verdient haben und sich nach dem Namen ihrer Gründerin lieber als Agrippinenser bezeichnen; sie waren einst über den Fluss gekommen und aufgrund ihrer ausgewiesenen Treue unmittelbar am Rheinufer angesiedelt worden: um Feinde abzuwehren, nicht um selbst unter Bewachung zu stehen.

29 (1) Die Bataver, der tapferste all dieser Stämme, bewohnen einen kleinen Streifen am Ufer, vor allem aber die Rheininsel. Sie gehörten ehemals zu den Chatten, sind aber wegen interner Zerwürfnisse in ihr jetziges Siedlungsgebiet ausgewandert, wo sie in das Römische Reich eingegliedert werden sollten. Die Ehrenstellung und Auszeichnung alter Bundesgenossenschaft ist ihnen bis heute geblieben; sie werden nämlich weder durch Tributzahlungen gedemütigt noch von einem Steuerpächter geschröpft. Von Steuern und sonstigen Abgaben befreit, sind sie lediglich für Kampfeinsätze vorgesehen und werden gleichsam wie Schutz- und Trutzwaffen für den Krieg bereitgehalten.

(2) In demselben Abhängigkeitsverhältnis steht auch der Stamm der Mattiaker. Denn die Größe des römischen Volkes hat ihm auch jenseits des Rheins und jenseits der alten Reichsgrenzen respektvolle Anerkennung eingetragen. So befinden sie sich in ihrem Siedlungsgebiet zwar auf dem germanischen Ufer, sind aber mit Kopf und Herz auf unserer Seite. In allem Übrigen ähneln sie den Batavern, nur dass sie aufgrund der Bodenbeschaffenheit und des Klimas ihres Landes über ein feurigeres Temperament verfügen.

(3) Obwohl sie sich jenseits von Rhein und Donau niedergelassen haben, möchte ich die Menschen, die †das Zehntland† bestellen, nicht zu den germanischen Stämmen rechnen: Gerade die leichtfertigsten Gallier, die die

Not verwegen gemacht hatte, haben das Land, dessen Besitzverhältnisse ungeklärt waren, in Beschlag genommen; doch seit der Errichtung eines Grenzwalls und der Vorverlegung der Schutztruppen gilt das Gebiet als ein Zipfel des Reiches und als Teil der Provinz.

Die Chatten

30 (1) Nordöstlich der Mattiaker, am Herkynischen Waldgebirge, beginnt der Siedlungsraum der Chatten; weil das Land nicht so flach und sumpfig ist wie die anderen Stammesgebiete, die sich über Germanien erstrecken, sind seine Bewohner abgehärtet. Denn die Hügel werden zwar allmählich seltener, aber der Herkynische Wald begleitet seine Chatten und hört mit ihnen auf: (2) Deswegen haben diese Menschen robustere Körper, stramme Gliedmaßen, einen drohenden Blick und eine größere geistige Regsamkeit. Für Germanen zeigen sie viel Vernunft und Geschick: Sie wählen ihre Anführer, hören auf ihre Vorgesetzten, halten die Schlachtordnung ein, erkennen günstige Gelegenheiten, schieben Angriffe (auch einmal) auf, teilen den Tag gut ein, verschanzen sich für die Nacht, zählen das Kriegsglück zu den unsicheren, die Tapferkeit aber zu den sicheren Dingen und verlassen sich – was höchst selten ist und was sie nur ihrer Vernunft und Disziplin verdanken – mehr auf ihren Heerführer als auf ihre Armee. (3) Ihre ganze Stärke beruht auf dem Fußvolk, dem sie außer den Waffen auch die eisernen Werkzeuge und die Verpflegung aufbürden. Andere Völker kann man in die Schlacht ziehen sehen, doch die Chatten ziehen in den Krieg. Streifzüge und ungeplante Kämpfe sind selten. In der Tat ist es ein Merkmal berittener

Truppen, rasch den Sieg zu erringen und sich rasch wieder zurückzuziehen: Schnelligkeit grenzt an Furcht, Zögern steht der Standfestigkeit näher.

31 (1) Was bei anderen Stämmen der Germanen nur selten vorkommt und auf dem Wagemut Einzelner beruht, ist bei den Chatten allgemein üblich: Sobald sie herangewachsen sind, lassen sie das Haar und den Bart wachsen, und erst wenn sie einen Feind getötet haben, legen sie diese der Tapferkeit gelobte und verpflichtete Haar- und Barttracht ab. Über dem Blut und der erbeuteten Rüstung des Feindes enthüllen sie die Stirn und erklären, dass sie erst jetzt den Preis für ihre Geburt bezahlt hätten und ihres Vaterlandes und ihrer Eltern würdig seien. Feiglinge und Kriegsscheue behalten ihr wüstes Aussehen bei. (2) Die Tapfersten tragen außerdem einen – bei diesem Stamm als Schande geltenden – eisernen Ring gleichsam wie eine Fessel, bis sie sich durch die Tötung eines Feindes davon befreien. Sehr vielen Chatten gefällt es, sich so zu zeigen, und auf diese Weise werden sie alt und grau, von Freund und Feind gleichermaßen beachtet. (3) Sie eröffnen alle Gefechte und bilden immer die erste Schlachtreihe, ein schockierender Anblick. Und nicht einmal in Friedenszeiten geben sie sich ein sanfteres Aussehen. Niemand hat ein Haus, ein Feld oder irgendwelche Pflichten. Von jedem, zu dem sie kommen, werden sie bewirtet; sie sind verschwenderisch mit fremdem Eigentum und verachten eigenen Besitz, bis sie aufgrund der Kraftlosigkeit des Alters einem so harten Kriegerleben nicht mehr gewachsen sind.

Weitere Völkerschaften im Westen

32 In unmittelbarer Nähe der Chatten wohnen dort, wo der Rhein noch ein festes Flussbett hat und somit als Grenze ausreicht, die Usiper und Tenkterer. Abgesehen vom üblichen Kriegsruhm zeichnen sich die Tenkterer durch ihre hervorragende Reitkunst aus, und die Fußsoldaten der Chatten genießen kein größeres Ansehen als die berittenen Truppen der Tenkterer. So haben es die Vorfahren eingeführt, und die Nachkommen folgen ihrem Beispiel. Hierin besteht das Spiel der Kinder, hierin der Ehrgeiz der Jugend, und die Alten fahren damit fort. Neben dem Gesinde, neben Haus und Hof und den Rechten der Nachfolge werden auch die Pferde weitervererbt: Sie gehen nicht wie alles andere an den ältesten Sohn, sondern an den jeweils kriegerischsten und tapfersten.

33 (1) Neben den Tenkterern waren einst die Brukterer anzutreffen. Jetzt sind dort, wie es heißt, die Chamaver und Angrivarier eingewandert, nachdem sie mit dem Einverständnis der benachbarten Stämme die Brukterer vertrieben und gänzlich ausgerottet hatten, sei es aus Hass auf ihren Hochmut, sei es aus Beutegier oder weil die Götter uns eine Gunst erwiesen; denn diese gönnten uns sogar das Schauspiel einer Schlacht: Über sechzigtausend Mann sind nicht durch römische Waffen und Geschosse gefallen, sondern, was noch großartiger ist, vor unseren Augen und zu unserem Vergnügen. (2) Möge doch, so meine Bitte, bei diesen Völkern, wenn schon nicht die Liebe zu uns, doch zumindest der Hass aufeinander andauern, weil ja das Schicksal, wenn das Reich in Bedrängnis ist, nichts Größeres schenken kann als die Zwietracht der Feinde.

34 (1) An die Angrivarier und Chamaver grenzen im Südosten die Dulgubiner und Chasuarier sowie andere nicht sonderlich bekannte Stämme, im Nordwesten schließen sich die Friesen an. Im Hinblick auf ihre Schlagkraft werden sie als Groß- und Kleinfriesen bezeichnet. Beide Völkerschaften werden bis zum Ozean hin vom Rhein umschlossen und sind darüber hinaus von riesigen Seen umgeben, die auch von römischen Flotten befahren wurden. (2) Dort haben wir uns sogar bis auf den Ozean hinausgewagt. Angeblich sind hier noch Säulen des Herkules zu sehen – sei es, dass dieser (wirklich) dorthin gekommen ist, sei es, dass wir uns angewöhnt haben, alles Großartige auf Erden mit diesem berühmten Helden in Verbindung zu bringen. Dem Drusus Germanicus fehlte es ebenfalls nicht an Wagemut, doch der Ozean verhinderte, dass man über ihn und zugleich über Herkules Nachforschungen anstellen konnte. Später hat es niemand mehr versucht, und man hielt es für frommer und respektvoller, an die Taten von Göttern zu glauben als sich Gewissheit zu verschaffen.

Stämme im Norden

35 (1) Bis jetzt haben wir den Westen Germaniens kennengelernt. Im Norden weicht das Land in einem gewaltigen Bogen zurück. Gleich oben wohnt der Stamm der Chauken, dessen Territorium zwar bei den Friesen beginnt und einen Teil der Küste einnimmt, sich aber an den Seiten aller von mir erwähnten Völker hinzieht und schließlich bis in das Land der Chatten hineinreicht. Dieses so riesige Gebiet gehört den Chauken nicht nur, sondern sie füllen es auch aus, ein unter den Germanen höchst angesehener Stamm, der es vorzieht, seine Größe durch Gerechtigkeit zu schützen: (2) Frei von Habgier, frei von Herrschsucht leben sie ruhig und zurückgezogen, fordern nicht zum Krieg heraus und verzichten auf Raubzüge und Plünderungen. Ein besonderer Beweis für ihre Rechtschaffenheit und Stärke ist die Tatsache, dass ihre Überlegenheit nicht auf unrechtmäßigem Verhalten beruht. Dennoch sind alle bereit, zu den Waffen zu greifen, und wenn es die Situation erfordert, steht sofort ein Heer bereit, ein mächtiges Aufgebot an Soldaten und Pferden. Auch wenn sie Frieden halten, genießen sie denselben guten Ruf.

36 (1) An der Seite der Chauken und Chatten wohnen die Cherusker, die sich, von niemandem herausgefordert, einem allzu langen und schlaff machenden Frieden hingegeben haben. Und dies war für sie eher angenehm als sicher, weil es falsch ist, sich zwischen unbeherrschten und starken Völkern der Ruhe zu überlassen: Wo die Faust regiert, sind Besonnenheit und Rechtschaffenheit Bezeichnungen, die nur dem Überlegenen zukommen. So gelten die früher als tüchtig und gerecht gepriesenen Cherusker jetzt als träge und einfältig. Den siegreichen Chatten aber wurde ihr Kriegsglück als Weisheit ausgelegt. (2) Vom Untergang der Cherusker wurden auch die Foser, ein Nachbarstamm, mitgerissen; im Unglück sind sie ihnen als Leidensgenossen gleichgestellt, während sie ihnen in Zeiten des Glücks untergeordnet waren.

37 (1) Dieselbe Ausbuchtung Germaniens bewohnen am Rand des Ozeans die Kimbern, ein jetzt unbedeutender, aber hochberühmter Stamm. Es gibt noch weit und breit Spuren ihrer einstigen Bedeutung, auf beiden Rheinufern riesige Lagerplätze, an deren Umfang sich auch heute noch die gewaltige Tatkraft dieses Volkes und die Glaubwürdigkeit eines so großen Auszuges ermessen lässt.

(2) Es war im 640. Jahr nach Gründung unserer Stadt, als man im Konsulat des Caecilius Metellus und Papirius Carbo zum ersten Mal von den Waffentaten der Kimbern hörte. Wenn wir die Zeit zwischen diesem Jahr und dem zweiten Konsulat des Kaisers Trajan berechnen, kommen etwa 210 Jahre zusammen: So lange schon wird Germanien besiegt! (3) Im Verlaufe dieses so langen Zeitraums waren auf beiden Seiten zahlreiche Verluste zu beklagen. Nicht die Samniten, nicht die Punier, nicht die spanischen oder gallischen Provinzen und nicht einmal die Parther haben sich uns häufiger in Erinnerung gebracht: Der Freiheitsdrang der Germanen ist nämlich wilder als der Despotismus des Arsakes. Denn was kann der Orient uns gegenüber anderes vorweisen als die Tötung des Crassus, während er seinerseits den Verlust des Pakoros hinnehmen und sich einem Ventidius beugen musste? (4) Die Germanen dagegen haben Carbo, Cassius, Aurelius Scaurus, Servilius Caepio und Mallius Maximus geschlagen oder gefangen genommen und dem römischen Volk zugleich fünf konsularische Heere, dem Caesar Augustus sogar den Varus zusammen mit seinen drei Legionen entrissen! Und nicht ungestraft wurden sie von Gaius Marius in Italien, vom vergöttlichten Iulius (Caesar) in Gallien, von Drusus, Nero und Germanicus in ihrem eigenen Land besiegt. Wenig später fanden die gewaltigen Drohgebärden des Gaius Caesar (Caligula) nichts als Hohn und Spott. (5) Danach herrschte Ruhe, bis die Germanen unsere Zwistigkeiten und den Bürgerkrieg ausnutzten, die Winterlager der Legionen eroberten und auch die gallischen Provinzen angrif-

fen, aber wieder zurückgeschlagen wurden. In jüngster Zeit hat man dann mehr Triumphe als wirkliche Siege über sie gefeiert.

Suebische Stämme

38 (1) Jetzt ist über die Sueben zu sprechen, die anders als die Chatten oder Tenkterer keinen homogenen Stamm darstellen; sie bewohnen nämlich den größten Teil Germaniens und sind immer noch in selbstständige Stämme mit eigenen Namen untergliedert, auch wenn sie allgemein als Sueben bezeichnet werden. (2) Kennzeichen des Volkes ist das zur Seite gekämmte und zu einem Knoten hochgebundene Haar: So unterscheiden sich die Sueben von den anderen Germanen, so die suebischen Freigeborenen von den Sklaven. (3) Der folgende Brauch ist auch in anderen Völkerschaften bekannt – vielleicht weil sie mit den Sueben verwandt sind oder aber, was häufiger der Fall ist, weil sie ihrem Beispiel folgen –, wird aber selten und lediglich in der Jugend befolgt, bei den Sueben hingegen, bis sie grau werden: Die Mutigsten kämmen das widerspenstige Haar hinten hoch und binden es oft genau über dem Scheitel zusammen. Die Anführer haben eine noch kunstvollere Frisur. Das ist ihre Form der Schönheitspflege, aber eine harmlose; mit dieser Haartracht schmücken sie sich nämlich nicht, um zu lieben oder geliebt zu werden, sondern um dann, wenn sie in den Krieg ziehen, in den Augen der Feinde größer und schrecklicher zu erscheinen.

39 (1) Die Semnonen bezeichnen sich als die ältesten und vornehmsten unter den Sueben. Ihr hohes Alter wird durch einen religiösen Brauch bestätigt: Zu einem festgesetzten

Zeitpunkt kommen, durch Abgesandte vertreten, Stämme desselben Namens und desselben Blutes in einem Wald zusammen, der durch die Augurien der Vorfahren und uralte fromme Scheu geheiligt ist, und beginnen mit einem im Namen der Gemeinschaft dargebrachten Menschenopfer die schauderhafte Feier ihres barbarischen Kultes. (2) Dem Hain erweist man noch auf eine andere Weise seinen Respekt: Man betritt ihn nur in Fesseln, um so seine Untergebenheit und die Macht der Gottheit zu bezeugen. Sollte jemand zu Fall kommen, ist es ihm nicht erlaubt, sich aufhelfen zu lassen und wieder aufzustehen: Er muss sich auf dem Erdboden nach draußen wälzen. Dieser ganze Aberglaube beruht auf der Vorstellung, dass das Volk dort seinen Ursprung genommen hat, dass dort eine alles beherrschende Gottheit waltet, der alles andere unterworfen und gehorsam ist.

(3) Das Ansehen der Semnonen wird durch ihren Wohlstand noch erhöht: Sie bewohnen hundert Gaue, und aufgrund ihrer hohen Zahl halten sie sich für den Hauptstamm der Sueben.

40 (1) Im Gegensatz zu ihnen sind die Langobarden wegen ihrer geringen Zahl berühmt: Obwohl sie von zahlreichen äußerst starken Stämmen umgeben sind, beruht ihre Sicherheit nicht auf Unterwürfigkeit, sondern auf ihrer Kampfbereitschaft und ihrem Wagemut. (2) Die nördlich von ihnen wohnenden Reudigner, Avionen, Anglier, Variner, Eudosen, Suardonen und Nuitonen sind durch Flüsse oder Wälder geschützt. In den einzelnen Stämmen gibt es nichts Bemerkenswertes, außer dass sie allesamt Nerthus, das heißt Mutter Erde, verehren und glauben, dass sie in die Angelegenheiten der Menschen eingreift und auf einem Wagen die Völker besucht.

(3) Auf einer Insel des Weltmeeres gibt es einen heiligen Hain; dort befindet sich ein geweihter, von einem Tuch bedeckter Wagen; er darf nur von einem Priester berührt werden. Dieser kann die Gegenwart der Göttin im Heiligtum wahrnehmen und gibt ihr, wenn sie auf dem von Kühen gezogenen Wagen (durch das Land) fährt, in tiefer Ehrfurcht das Geleit. Dann sind die Tage von Freude erfüllt, und all die Örtlichkeiten, welche die Göttin mit ihrem Besuch und ihrem Aufenthalt beehrt, sind festlich geschmückt. Man zieht nicht in den Krieg, man greift nicht zu den Waffen; alles Eisen bleibt unter Verschluss; dann kennt, dann liebt man nur den Frieden und die Waffenruhe, bis derselbe Priester die Göttin, wenn sie des Umgangs mit den Sterblichen müde ist, in ihr Heiligtum zurückgeleitet. (4) Danach werden der Wagen, das Tuch und – wenn man es denn glauben mag – die Göttin selber in einem abseits gelegenen See gewaschen. Dieser Dienst wird von Sklaven verrichtet, die gleich darauf derselbe See verschlingt. Daher das geheime Grauen und die heilige Ungewissheit, was es mit diesem Wesen auf sich hat, das nur Todgeweihte sehen dürfen.

41 (1) Dieser Landesteil der Sueben erstreckt sich bis in die entlegeneren Gebiete Germaniens. In größerer Nähe zu uns – so wie ich gerade eben dem Rhein gefolgt bin, möchte ich jetzt der Donau folgen – lebt der Stamm der Hermunduren, der den Römern treu ergeben ist; daher sind sie die einzigen Germanen, die nicht nur am Ufer des Flusses, sondern auch tief im Landesinneren und in der sehr prächtigen Kolonie der Provinz Rätien Handel treiben. Überall können sie ohne Wachen die Grenze passieren. Und während wir den anderen Stämmen nur unsere Waffen und

Lager präsentieren, haben wir ihnen auch, ohne dass sie es wünschten, unsere Häuser und Gutshöfe geöffnet. (2) Im Land der Hermunduren entspringt die Elbe, ein uns ehedem wohlbekannter, berühmter Strom; jetzt kennt man ihn nur noch vom Hörensagen.

42 (1) Östlich von den Hermunduren leben die Narister und noch weiter östlich die Markomannen und Quaden. Die Markomannen sind besonders berühmt und mächtig und haben dank ihrer Tapferkeit ihr (jetziges) Siedlungsgebiet, aus dem sie einst die Bojer vertrieben hatten, an sich gebracht. Auch die Narister und Quaden schlagen nicht aus der Art. Dies ist also gleichsam die Frontseite Germaniens, soweit sie von der Donau gebildet wird. (2) Die Markomannen und Quaden wurden bis in unsere Zeit von Königen aus dem eigenen Volk regiert, aus dem edlen Geschlecht des Marbod und des Tuder; mittlerweile akzeptieren sie auch Könige aus dem Ausland, doch die Stärke und Macht ihrer Könige beruht auf der Gunst Roms. Sie werden von uns selten mit Waffen, häufiger mit Geld unterstützt, sind aber darum nicht weniger mächtig.

43 (1) Im Rücken der Markomannen und Quaden schließen sich die Marsigner, Kotiner, Oser und Burer an. Von diesen erinnern die Marsigner und Burer in Sprache und Lebensweise an die Sueben. Bei den Kotinern beweist die gallische Sprache, bei den Osern die pannonische, dass sie keine Germanen sind, ebenso wie die Tatsache, dass sie sich Tributzahlungen gefallen lassen. Ein Teil der Tribute wird ihnen als Fremdstämmigen von den Sarmaten, ein Teil von den Quaden auferlegt. Dabei schürfen die Kotiner, was die Sache für sie noch beschämender macht, sogar nach Eisen. (2) Alle diese Völkerschaften leben zu einem geringen Teil im Flachland, ansonsten in Waldgebirgen, auf Berggipfeln und Bergrücken. Das Suebenland wird nämlich von einem fortlaufenden Höhenzug durchschnitten und geteilt. Jenseits davon wohnen noch viele andere Stämme, von denen der Name der Lugier – sie umfassen mehrere Völkerschaften – am weitesten verbreitet ist. Es wird ausreichen, die wichtigsten zu nennen: die Harier, Helvekonen, Manimer, Helisier, Nahanarvaler.

(3) Bei den Nahanarvalern zeigt man einen Hain, der einem alten religiösen Kult geweiht ist. Er wird von einem Priester in weiblicher Tracht geleitet; doch die Götter lassen sich aus römischer Sicht als Kastor und Pollux deuten. Diesen entspricht ihr göttliches Walten, ihr Name ist Alken. Es gibt keine Götterbilder, keinen Hinweis auf einen fremdländischen Ursprung dieses Kultes; dennoch verehrt man sie als Brüder und junge Männer.

(4) Sie sind aber aufgrund sowohl ihres Charakters als auch der militärischen Schlagkraft, mit der sie die gerade genannten Völkerschaften übertreffen, sehr bedrohlich: Ihre angeborene Wildheit wird noch durch künstliche Mittel und den Zeitpunkt (ihrer Angriffe) gesteigert: Ihre Schilde sind schwarz, die Körper bemalt. Ihre Gefechte verlegen sie in finstere Nächte und verbreiten durch die grauenhafte Düsternis ihres gespenstischen Heeres Angst und Schrecken, da kein Feind den außergewöhnlichen und gleichsam höllischen Anblick ertragen kann. In allen Schlachten werden ja zuerst die Augen besiegt.

44 (1) Die nördlich der Lugier lebenden Gotonen werden von einem König regiert, zwar schon etwas strenger als die anderen germanischen Stämme, aber nicht so, dass sie ihre Freiheit verloren hätten. Gleich neben ihnen, an der Küste des Ozeans, wohnen die Rugier und Lemovier. Charakteristisch für alle diese Völkerschaften sind runde Schilde, kurze Schwerter und der Königen erwiesene Gehorsam.

(2) Dann kommen, mitten im Ozean, die Stämme der Suionen, deren Stärke außer auf ihren Männern und Waffen auch auf ihren Flotten beruht. Ihre Schiffe sind insofern anders gebaut (als die unseren), als sie vorn und hinten einen Steven haben und somit stets eine zum Landen bereite Stirnseite bieten. Sie werden nicht mit Segeln bedient, noch sind die Ruder in Reihen an den Schiffswänden befestigt. Das Ruderwerk ist wie bei manchen Flusskähnen frei beweglich und kann, je nach Bedarf, in unterschiedliche Richtungen gewendet werden. (3) Reichtum steht bei ihnen ebenfalls in hohem Ansehen, und deshalb herrscht nur ein Einziger, und dies ohne jede Einschränkung und mit dem unwiderruflichen Anspruch auf Gehorsam. Die Waffen sind auch nicht, wie bei den übrigen Germanen, für alle frei zugänglich, sondern sind weggeschlossen und werden bewacht, und zwar von einem Sklaven; feindliche Überraschungsangriffe verhindert nämlich der Ozean, und außerdem lassen sich Scharen von Bewaffneten, die nichts zu tun haben, leicht zu Ausschreitungen verleiten. Daher ist es für einen König von Vorteil, weder einem Adeligen oder Freigeborenen noch auch einem Freigelassenen die Aufsicht über die Waffen zu überlassen.

Anwohner des suebischen Meeres

45 (1) Jenseits der Suionen erstreckt sich ein anderes Meer, träge und fast unbewegt. Dass es den Erdkreis ringsum umschließt, ist insofern glaubhaft, als die letzten Strahlen der bereits untergehenden Sonne bis zu ihrem Wiederaufgang so hell leuchten, dass sie die Sterne verblassen lassen. Außerdem ist man dort davon überzeugt, dass man das Brausen der aufgehenden Sonne hören und die Umrisse von Pferden und ein Strahlenhaupt sehen könne. Hier – und das Gerücht ist wahr – befindet sich das Ende der Welt.

(2) An der Ostküste des suebischen Meeres nun werden die Völkerschaften der Ästier von den Fluten bespült; in ihren Bräuchen und in ihrer äußeren Erscheinung ähneln sie den Sueben, während ihre Sprache der britannischen nähersteht. Sie verehren die Göttermutter. Als Symbole ihres Kultes führen sie Bilder von Ebern mit sich. Das Tragen eines solchen Amuletts anstelle von Waffen ist für sie alle charakteristisch: Dieser Schutz verleiht einem Verehrer der Göttin auch inmitten von Feinden Sicherheit. (3) Waffen aus Eisen verwenden sie selten, häufig jedoch Knüppel. Beim Anbau von Getreide und den anderen Feldfrüchten zeigen sie mehr Ausdauer, als es die übliche Trägheit der Germanen erwarten lässt. (4) Doch sie durchforschen auch das Meer, und als Einzige aller Germanen sammeln sie an seichten Stellen und direkt am Strand Bernstein, den sie selbst als *glesum* bezeichnen. Seine Beschaffenheit und Entstehung haben sie als Barbaren, die sie sind, weder untersucht noch ausfindig gemacht. Ja, er pflegte sogar lange zwischen den anderen Dingen, die das Meer auswirft, unbeachtet liegen zu bleiben, bis unsere Liebe zum Luxus ihn wertvoll gemacht hat. Sie selbst haben für ihn keinerlei Verwendung: Roh wird er aufgesammelt, unbearbeitet weitergegeben, und die Menschen staunen über den Preis, den sie für ihn bekommen. (5) Dass es

sich um den Saft von Bäumen handelt, lässt sich indes leicht erkennen: Oftmals nämlich schimmern irgendwelche kriechende und sogar geflügelte Tierchen durch die Masse, in der sie sich, als sie noch flüssig war, verfangen haben und in der sie dann, wenn die Substanz hart wird, eingeschlossen werden. Wie in den abgelegenen Gegenden des Orients, wo die Bäume Weihrauch und Balsam ausschwitzen, so gibt es vermutlich auch auf den Inseln und auf dem Festland des Westens recht fruchtbare Haine und Wälder. Die Flüssigkeit, die durch die Strahlen der nahen Sonne aus den Bäumen herausgepresst wird, rinnt ins angrenzende Meer und wird durch die Gewalt der Stürme an die gegenüberliegenden Küsten geschwemmt. Wenn man den Bernstein einer Feuerprobe unterzieht, entzündet er sich wie Kienspan und entwickelt eine ölige und stark riechende Flamme; danach wird er so zäh und klebrig wie Pech oder Harz.

(6) An die Suionen schließen sich die Völkerschaften der Sithonen an. Sie gleichen ihnen in allem und unterscheiden sich nur dadurch, dass sie von einer Frau beherrscht werden: So sehr haben sie nicht nur ihre Freiheit aufgegeben, sondern sind sogar noch tiefer als Sklaven gesunken. Hier endet das Land der Sueben.

Mischstämme

46 (1) Ich bin unsicher, ob ich die Stämme der Peukiner, Venether und Fennen zu den Germanen oder zu den Sarmaten rechnen soll. Die Peukiner, die von manchen als Bastarnen bezeichnet werden, haben zwar dieselbe Sprache, Lebensweise, Siedlungsformen und Häuser wie die Germanen und sind in allem nachlässig, aber ihre schlanken und hochgewachsenen Körper haben infolge von Mischehen sich auf negative Weise recht stark der äußeren Erscheinung der Sarmaten angeglichen.

(2) Die Venether haben zahlreiche Sitten der Sarmaten übernommen; denn auf ihren Raubzügen durchstreifen sie alle Gebiete, die sich zwischen den Wäldern und Bergen der Peukiner und Fennen erstrecken. Dennoch werden sie eher zu den Germanen gerechnet, weil sie Häuser bauen, Schilde tragen und sich gern schnell zu Fuß bewegen. In all diesen Dingen unterscheiden sie sich von den Sarmaten, die auf ihren Wagen und Pferden zu Hause sind.

(3) Die Fennen sind erstaunlich wild und abstoßend arm: Sie besitzen keine Waffen, keine Pferde, kein Heim; Kräuter dienen ihnen als Nahrung, Felle als Kleidung, der Erdboden als Lagerstätte; all ihre Hoffnungen beruhen auf ihren Pfeilen, die sie in Ermangelung von Eisen mit Spitzen aus Knochen versehen. Die Jagd ernährt Mann und Frau in gleicher Weise; die Frauen begleiten nämlich die Männer überallhin und beanspruchen ihren Anteil an der Beute. Für die kleinen Kinder gibt es indes keinen anderen Zufluchtsort vor wilden Tieren und Unwettern als ein schützendes Geflecht aus Zweigen: Hierher kehren die jungen Männer zurück, dies ist der Unterschlupf für die Alten. Sie halten ein solches Leben aber für glücklicher, als unter der Feldarbeit zu stöhnen, sich mit dem Bau von Häusern abzumühen und sich zwischen Hoffnung und Bangen um eigenen und fremden Besitz zu bekümmern: Sorglos gegenüber den Menschen, sorglos gegenüber den Göttern haben sie das Schwerstmögliche erreicht: wunschlos glücklich zu sein.

(4) Alles Weitere gehört schon ins Reich der Fabel, nämlich dass die Hellusier und Oxionen menschliche Köpfe und Gesichter, aber die Körper und die Glieder wilder Tiere haben. Dies möchte ich, weil es noch unerforscht ist, dahingestellt sein lassen.

Anhang

Zu dieser Ausgabe

Der Übersetzung liegt der lateinische Text der Ausgabe *P. Cornelius Tacitus, Germania,* hrsg., übers., komm., interpret. und mit einer Bibliographie vers. von A. A. Lund, Heidelberg 1988, zugrunde, allerdings mit folgenden Abweichungen:

	Lund	*Reclam*
2,3	ab auctore	a victis
5,3	utilitate	vilitate
28,2	< … > igitur	Igitur
31,1	†nascendi†	nascendi
38,3	†adituri bella compti ut …†	adituri bella compositi
45,1	†et† fama vera	et fama vera
46,1	Germani agunt – sordes omnium – at	Germani agunt socordes omnium, at

Zudem weicht die Absatzeinteilung von der Vorlage ab.

Anmerkungen

Die Begriffe Stamm, Volk und Völkerschaft werden im Folgenden synonym verwendet.

1,1 *Germanien als Ganzes:* Die ersten Worte erinnern an Caesars »Gallien als Ganzes« (*de bello Gallico* 1,1); Tacitus meint hier nur das freie Germanien, östlich des Rheins und nördlich der Donau, rechnet also die röm. Provinzen Ober- und Untergermanien (Germania superior, Germania inferior) nicht dazu. – *Gallier:* kelt. Stämme in Frankreich und Belgien. – *Räter:* kelt. Volk in der Ostschweiz, dem westlichen Österreich und dem südlichen Bayern. – *Pannonier:* Volk in Ungarn, Slowenien und dem Burgenland. – Ausgelassen ist die Provinz Noricum (östliches Österreich), die die Nordgrenze des Römischen Reiches bildete. – *Sarmaten:* Völkerschaft zwischen Theiß und Weichselmündung. – *Daker:* Volk in Rumänien. – *Gebirgszüge:* die Karpaten. – *Landvorsprünge:* Jütland. – *Inselwelten:* das als Insel geltende Skandinavien. – *Krieg:* Gemeint ist wahrscheinlich eine Flottenexpedition unter Kaiser Tiberius, die bis ins Kattegat führte (5 n. Chr.).

1,2 *Rätische Alpen:* im Grenzgebiet zwischen der Ostschweiz, Österreich, Liechtenstein und Italien.

2,1 *Germanen:* Der Name wurde von Caesar erfunden (*de bello Gallico* 6,24,1) und in Rom etabliert. Er meinte damit, in Abgrenzung von den Kelten, die Bewohner der östlich des Rheins gelegenen Gebiete. Wen der griech. Polyhistor Poseidonios von Apameia rund ein halbes Jahrhundert früher (um 100 v. Chr.) mit dem Begriff *Germanoí* gemeint haben könnte, ist strittig. Wolters 2020, S. 455, denkt an eine »barbarische Untergruppe der Kelten an deren Peripherie«. Tacitus fasst unter dem Sammelbegriff »Germanen« zahlreiche Völker zu einer einheitlichen ethnischen Gruppe zusammen – die sie aber nie waren. »Denn die verschiedenen Stämme wie Bataver, Cherusker, Chatten, Markomannen, Sueben lebten unabhängig voneinander, schlossen zum Teil kurzlebige Bündnisse, bekriegten einander, waren nicht alle romfeindlich gesonnen und verfügten über keinerlei einheitliche Organisation« (Paulsen 2016,

o. S.). Dennoch hat sich der Begriff aus pragmatischen Gründen im allgemeinen Sprachgebrauch durchgesetzt. Bei den Linguisten gelten alle Sprecher german. Sprachen als Germanen, bei den Archäologen diejenigen, die dieselbe materielle Kultur besaßen, ablesbar etwa an ihrem Schmuck, ihrer Keramik, ihren Bestattungsriten und ihrer Wohnweise. Die Germanen der Linguistik sind nicht immer mit denen der Archäologie oder Alten Geschichte identisch, und schon gar nicht sind Tacitus' Germanen die Vorfahren der heutigen Deutschen. – *die Menschen kamen auf dem Seeweg:* Tacitus könnte hier z. B. an die Koloniegründungen der Griechen im Mittelmeerraum gedacht und die dortigen Verhältnisse auf den Norden übertragen haben. – *das uns gegenüberliegende Weltmeer:* Das Mittelmeer (also Tacitus' Blickwinkel) und der nördliche Ozean liegen sich, getrennt durch Italien und Germanien, gegenüber.

2,2 *alte Lieder:* Offenbar wurden sie nur mündlich tradiert. – *Tuisto:* »Zwitter«, ein zweigeschlechtliches Urwesen. – *Mannus:* »Mann, Mensch«, das erste eingeschlechtliche Wesen. – *drei Söhne:* Herodot (4,5) berichtet Ähnliches vom Ursprung der Skythen. Die Namen der Söhne des Mannus sind nicht überliefert. – *Ingävonen:* die an die Nordseeküste grenzenden Stämme, insbesondere die Kimbern, Chauken und Friesen, so genannt nach Yngvi (= Freyr, einer bedeutenden german. Gottheit). – *Hermionen:* die im Landesinneren lebenden Cherusker, Sueben, Chatten und Hermunduren, so genannt nach dem german. Kriegsgott Irmin. – *Istävonen:* u. a. die am Rhein beheimateten Chamaver, Ubier, Usiper und Tenkterer. – *Marser:* german. Stamm am Rhein. – *Gambrivier:* german. Stamm in der Nähe der Weser. – *Sueben:* siehe 38 ff. mit Anm. zu 38,1. – *Vandilier:* ostgerman. Volk.

2,3 *von den Besiegten:* Hier ist der Text sehr strittig; überliefert ist *a victore* (vom Sieger), doch dies ergibt keinen Sinn; vgl. Perl 1990, S. 136, Komm. z. St. und Lund 1988, S. 116, Komm. z. St.

3,1 *Herkules:* griech.-röm. Held, der im Mythos zwölf Arbeiten verrichten muss, ehe er vergöttlicht wird. – *†baritum†:* Begriff unbekannter Herkunft; davon abgeleitet vielleicht das spätere *barritus*, Elefantengebrüll. Sicherlich falsch ist die von manchen gezogene Verbindung zu den Barden, den kelt. Dichtern und Sängern.

3,2 *Odysseus' lange Irrfahrt:* Der griech. Held brauchte für seine Rückkehr nach dem Sieg über Troja in seine Heimat Ithaka zehn Jahre. – *Asciburgium:* Asberg bei Moers am Niederrhein. – *ein dem Odysseus geweihter Altar:* Das im lateinischen Text stehende *Ulixi* könnte auch Dativus auctoris sein; dann hätte Odysseus den Altar geweiht. – *Rätien:* Siehe Anm. zu 1,1. – *griechische Inschriften:* Sie stammten von Kelten, die für ihre Sprache das griech. Alphabet benutzten; vgl. Perl 1990, S. 140, Komm. z. St.

3,3 Einer der eher seltenen Fälle, in denen Tacitus auf ein eigenes Urteil verzichtet; ebenso etwa in 9,1; 34,2; 46,4.

4 *durch keine Eheschließungen vermischt:* Vermischung galt als negativ; vgl. Sueton, *Augustus* 40,3: »Für sehr wichtig hielt er es außerdem, das Volk von jeder Vermischung mit dem Blut von Fremden und Sklaven rein und unverfälscht zu erhalten.« – *ein reinblütiger und nur sich selbst ähnelnder Menschenschlag:* So wurden etwa auch die Skythen und Ägypter beschrieben (ethnographischer Topos). – *trotz ihrer sehr hohen Zahl:* oder »soweit dies bei einer so großen Menschenmasse möglich ist«. – *blaue Augen, rötliches Haar und groß gewachsene Körper:* Zu diesem Klischee vgl. Vitruv 6,1,3: »Daher haben auch die Völker, die im Norden leben, ungeheuer große Körper, eine helle Hautfarbe, gerade und rötliche Haare, blaue Augen und viel Blut infolge der Fülle der Feuchtigkeit und des kalten Klimas.« – *Körper, die nur zum Angriff taugen:* ebenso Tacitus in *annales* 2,14. – *Körper, die Strapazen weniger gut gewachsen sind:* anders Caesar, *de bello Gallico* 6,21,3: »Von klein auf unterziehen sie sich Strapazen und bemühen sich um Abhärtung.«

5,1 *das Land ist aufgrund seiner Wälder oder Sümpfe abstoßend:* eine für »Barbaren« angemessene Umgebung. Der für einen Römer negative Eindruck ergibt sich aus dem Vergleich mit dem bereits in der Antike weitgehend entwaldeten Italien. Tatsächlich waren die german. Landschaften (wie heute) zu etwa 30 % mit Wald bedeckt; daneben gab es zahlreiche gut besiedelbare offene Ebenen; vgl. Steuer 2020, S. 48. – *Gallien, Noricum, Pannonien:* Siehe Anm. zu 1,1. – *wenig ansehnliches Vieh:* Wie Knochenfunde belegen, waren die Rinder der Germanen kleiner als die im Mittelmeerraum gehaltenen und wiesen im Vergleich mit diesen verkümmerte Hörner auf; vgl. Bringmann 1989, S. 69.

5,2 Silbergruben sind aber für die Gegend von Wiesbaden bezeugt (Tacitus, *annales* 11,20), und Gold ist seit der Bronzezeit durch Funde, besonders auf Jütland, nachgewiesen. Die These, die Germanen hätten Edelmetalle nicht geschätzt, entspricht dem Topos der antiken Ethnographie von der Anspruchslosigkeit der Naturvölker.

5,3 *Serraten, Bigaten:* zwei Typen des röm. Denars (Silbermünze) aus der Zeit der römischen Republik; Serraten hatten einen gezackten Rand, Bigaten zeigten auf einer Seite ein Zweigespann. Dass solche Münzen zur Zeit des Tacitus noch in Umlauf waren, ist wenig wahrscheinlich. – *am Silber ist ihnen mehr gelegen als am Gold:* »Die Germanen bestimmte keine irrationale Vorliebe, sondern allein der höhere Gebrauchswert, den unter den obwaltenden Umständen die Silbermünze mit ihrem geringeren Kaufwert besaß« (Bringmann 1989, S. 77).

6,1 *kein Überfluss an Eisen:* natürlich relativ gesehen. Laut den archäologischen Befunden wurde indes überall in Germanien Eisen gewonnen und sogar exportiert; vgl. Steuer 2020, S. 57. – *nur wenige benutzen Schwerter oder größere Lanzen:* wohl übertrieben; nach 18,2 gehörte auch ein Schwert zu der Mitgift, die ein Ehemann seiner Frau stellte. In den german. Gräbern wurden allerdings Schwerter seltener gefunden als Lanzen, Speere und Schilde. – *Einsatz derselben Waffe im Nah- und im Fernkampf:* Der röm. Spieß (*pilum*) wurde nur als Wurf-, der röm. Speer (*hasta*) nur als Stoßwaffe verwendet. – *Schild und Frame:* Der röm. Reiter war auch mit einem Schwert ausgestattet. – *Protzen liegt ihnen fern:* Dies entspricht ihrer *simplicitas*, Schlichtheit; vgl. aber 15,2, wo sich die Gefolgsherren über prachtvolle Waffen freuen. – *Schilde in den buntesten Farben:* In 43,4 sind die Schilde der Nahanarvaler schwarz. »Das Bemalen der Schilde bildet den Ursprung der späteren Wappen, die ja die Form eines Schildes haben. Unser Wort ›schildern‹ kommt von daher« (Schulz 1961, S. 30, Komm. z. St.).

6,2 Auch Caesar (*de bello Gallico* 4,2,2) bezeichnet die Pferde der Germanen als kleinwüchsig und unansehnlich. – *Schwenk nach rechts:* »wenn die Reiter ihre Speere geschleudert hatten, machten sie im geschlossenen Verband rechtsum kehrt und wandten dabei dem Feind die vom Schild geschützte Seite zu. Damit dieses Manöver gelang, mußten die einzelnen Reiter ihre Pferde desto schneller traben lassen, je weiter links sie postiert waren, während der Rechtsaußen nahezu an Ort und Stelle blieb« (Fink [4]2011, S. 82, Anm. z. St.). Büchner ([3]2000, S. 312 f., Anm. 34) fasst *dexteros* (*equos*) im lateinischen Text als Objekt auf und nimmt eine Linksschwenkung an.

6,3 *Kämpfe in gemischter Formation:* bei den Römern unbekannt.

6,4 *keilförmige Abteilungen:* formiert in Gestalt eines gleichseitigen Dreiecks mit einem besonders starken Krieger an der Spitze; die röm. Schlachtordnung war linear ausgerichtet. – *Bergen der Leichname:* Nach gängiger Auffassung konnte man ohne Bestattung nicht ins Totenreich gelangen.

7,1 Da für die Römer der Begriff König negativ konnotiert war (»Despot«), betont Tacitus hier die eingeschränkte Macht der german. Könige. – *nur Priester dürfen jemanden hinrichten, in Fesseln legen oder schlagen:* anders Caesar, *de bello Gallico* 6,23,4: Im Krieg haben die militärischen Vorgesetzten Gewalt über Leben und Tod.

7,2 *Abbilder:* wohl Tierdarstellungen (wie Wolf oder Schlange für Wodan), da die Germanen, wie in 9,2 dargelegt, menschengestaltige Götterbilder ablehnen. – *Zeichen:* wahrscheinlich Symbole der Götter, wie z. B. das Liburnerschiff für die Göttin Isis (9,1). – *die engsten Angehörigen in der Nähe des Schlachtfelds:* Diese waren allerdings nur bei den Wanderzügen dabei und verfolgten die Gefechte im Schutz ihrer Wagen; »Tacitus macht um der wirkungsvollen Darstellung willen die Ausnahme zur Regel« (Fuhrmann 1972, S. 73, Komm. z. St.).

8,1 Historische Beispiele für das hier Geschilderte sind nicht überliefert; Plutarch (*Marius* 19,7) berichtet lediglich von einem gescheiterten Versuch der Frauen der Ambrionen, bei Aquae Sextae (102 v. Chr.) ihre fliehenden Männer aufzuhalten. – *mit entblößter Brust:* um zu zeigen, dass sie im Falle einer Niederlage der Willkür des Siegers ausgeliefert wären. »Vielleicht lag dem Gestus der Entblößung, als moralischer Appell und Anfeuerung, magische Bedeutung zugrunde« (Perl 1990, S. 157, Komm. z. St.).

8,2 *Frauen wohne etwas Heiliges und Prophetisches inne:* Vgl. Caesar, *de bello Gallico* 1,50,4: Aufgrund einer ungünstigen Auskunft von Weissagerinnen verzichtet Ariovist auf eine Schlacht. Auch die Griechen und Römer konsultierten weise Frauen, die Sibyllen. – *Vespasian:* 69–79 röm. Kaiser. – *Veleda:* Seherin aus dem Stamm der Brukterer; sie war, wie Tacitus berichtet (*historiae* 4,61,2. 65,3 f.; 5,22,3. 24,1), während des Bataveraufstands (69/70 n. Chr.) politisch sehr einflussreich; sie wohnte in einem Turm und ließ ihre Bescheide durch einen Verwandten den Rebellen zukommen; nach dem Scheitern des Aufstands geriet sie in röm. Gefangenschaft. – *Aurinia:* nicht weiter bekannt. – *Verehrung der Frauen nicht, um sie zu Göttinnen zu erheben:* kritische Anspielung auf die Verhältnisse in Rom, wo einige weibliche Angehörige des Kaiserhauses nach ihrem Tod zu Göttinnen erhoben wurden, so etwa Drusilla, die Schwester des Kaisers Caligula (reg. 37–41), sowie eine Tochter des Nero (reg. 54–68), die nur drei Monate alt geworden war.

9,1 Die Römer pflegten fremde Gottheiten aufgrund ähnlicher Funktionen und Attribute mit den eigenen gleichzusetzen (*interpretatio Romana*). – Mit *Merkur* könnte hier Wodan, altnord. Odin, gemeint sein. Beiden gemeinsam sind List und Erfindungsreichtum sowie die Aufgabe, die Toten ins Jenseits zu geleiten. Die Gleichsetzung der beiden Götter zeigt sich auch in den westeuropäischen Bezeichnungen des Mittwochs: frz. *mercredi*, it. *mercoledì*, engl. *wednesday*, niederl. *Woensdag*. – *Menschenopfer* wurden auch anderen Gottheiten dargebracht; vgl. 39,1; 40,4. – *Herkules:* Hier ist nicht der antike Held, sondern vermutlich der german. Gott Donar/Thor gemeint; beide bekämpften, ausgerüstet mit einer stumpfen Schlagwaffe (Keule bzw. Hammer), Ungeheuer. Donar/Thor wurde später mit Iuppiter gleichgesetzt, der *dies Iovis* zum Donnerstag; vgl. frz. *jeudi*, it. *giovedì*. – *Mars* entspricht dem german. Kriegsgott Zio (ahd.) oder Tyr (altnord.); vgl. engl. *tuesday*, frz. *mardi*, it. *martedì*. – *erlaubte Lebewesen:* »im Gegensatz zu den Menschenopfern, die nach römischer Anschauung unerlaubt waren« (Fuhrmann 1972, S. 74, Komm. z. St.). Wie die archäologischen Befunde zeigen, opferten die Germanen neben Schweinen,

Schafen und Stieren (röm. *suovetaurilia*) auch Pferde und Hunde. – *Sueben:* siehe 38 ff. mit Anm. zu 38,1. – *Isis:* nicht die ägypt. Göttin, deren Kult Germanien noch nicht erreicht hatte, sondern vielleicht die in 40,2 erwähnte Göttin Nerthus. – *Liburnerschiffe:* Die Seeräuberschiffe der illyr. Liburner waren das Vorbild für schnelle röm. Kriegsschiffe.

9,2 *sie halten es mit der Erhabenheit der Götter für unvereinbar, sie in Wände einzuschließen oder ihnen ein menschenähnliches Aussehen zu verleihen:* Ähnliches berichtet Herodot von den Persern (1,131,1). Im 1. Jh. n. Chr. scheinen die Germanen, so die archäologischen Befunde, in ihren Siedlungen tatsächlich keine Kultbauten errichtet zu haben; die Opferstätten befanden sich in heiligen Hainen (oder Mooren); dort wurden jedoch auch – im Widerspruch zu Tacitus' Behauptung – anthropomorphe Holzfiguren aus der älteren röm. Kaiserzeit gefunden. Der Autor unterstellt hier den Germanen das antike »Axiom von der bildlosen Gottesverehrung einer unverdorbenen Frühzeit« (Bringmann 1989, S. 73).

10,1 *Losorakel:* Domitian (reg. 81–96) etwa konsultierte das Losorakel der Fortuna in Praeneste (Sueton, *Domitian* 15,2). – *Zweige von einem fruchttragenden Baum:* vermutlich von Eichen oder Buchen. – *weißes Tuch:* Weiß ist die Farbe der Reinheit; vgl. auch 10,2 (Schimmel). – *eingekerbte Zeichen:* Dass Runen gemeint sind, ist reine Spekulation. – *ist die Auskunft negativ, gibt es an diesem Tag in derselben Sache keine weitere Befragung:* anders als in Rom, wo die Befragung beliebig oft wiederholt werden konnte, bis man einen positiven Bescheid erhielt.

10,2 *Vorzeichen und Hinweise von Pferden:* Pferdeorakel gab es auch bei Griechen (vgl. Homer, *Ilias* 19,405) und Persern (z. B. Herodot 3,84,3). – *kein Vorzeichen gilt als zuverlässiger bei den Vornehmen oder den Priestern:* anders als in Rom, wo die Gebildeten die Vorzeichenschau belächelten. »Er wundere sich, sagte Cato, daß ein Wahrsager nicht lachen müsse, wenn er einem anderen Wahrsager begegnet« (Cicero, *de divinatione* 2,51), zitiert von Fuhrmann (1972, S. 74, Komm. z. St.).

10,3 *sie bringen einen Mann in ihre Gewalt und lassen ihn gegen einen aus den eigenen Leuten ausgewählten Gegner antreten:* Damit wird der Ausgang des Kampfes natürlich manipuliert. Diese Form des Zweikampfes ist ansonsten nirgends bezeugt.

11,1 *Stammesfürsten:* Ob es einen ererbten Adel oder nur einen Adel durch Besitz und Leistung gab, ist umstritten. – *Versammlungen an ganz bestimmten Tagen:* Bei den Versammlungen (german. Thing) unterschied man zwischen den regelmäßigen, nicht eigens einberufenen (»ungebotenen«) und den außerordentlichen (»gebotenen«) Zusammenkünften. – *bei Neu- oder bei Vollmond:* Die Germanen hatten keinen Kalender. – *sie rechnen nach Nächten:* Caesar erwähnt diese Zählweise auch für die Gallier (*de bello Gallico* 6,18,2). Spuren dieses Brauches finden sich etwa in den Wörtern Fastnacht, Weihnacht, Sonnabend und engl. *fortnight*. – *Freiheitsliebe als Grund für Unpünktlichkeit:* Das verzögerte Eintreffen mag auch an den schwierigen Reisebedingungen gelegen haben.

11,2 *Teilnahme an Versammlungen sitzend und in Waffen:* In röm. Volksversammlungen, in denen die Teilnehmer standen, war das Tragen von Waffen verboten. – *Priester verhängen Strafen und sorgen für Ruhe:* Sie hatten den Thingfrieden zu schützen; zu ihrer Strafgewalt vgl. 7,1. – *Framen:* siehe 6,1; mit ihnen schlug man vermutlich auf die Schilde; in *de bello Gallico* 7,21,1 berichtet Caesar von einer ähnlichen Gepflogenheit bei den Galliern.

12,1 *Todesstrafe für Feiglinge:* Vgl. aber 6,4, wo der Verlust des Schildes nur mit Schande, nicht jedoch mit ausdrücklicher Strafe belegt ist; in 31,2 (Chatten) müssen die Feiglinge und Kriegsscheuen lediglich ihre wüste Bart- und Haartracht beibehalten. – *Unzucht:* Vermutlich ist Homosexualität gemeint. – *Bedecken der Hingerichteten mit Flechtwerk:* Einige der aufgefundenen Moorleichen waren tatsächlich mit Zweigen oder anderen Materialien bedeckt, wodurch wohl die Rückkehr der Hingerichteten als »Wiedergänger« ausgeschlossen werden sollte. – *Gründe der unterschiedlichen Formen der Hinrichtung:* Was folgt, ist sicher eine Interpretation des Autors.

12,2 *leichtere Vergehen:* etwa Eigentumsdelikte, Körperverletzung und Totschlag (vgl. 21,1).

12,3 »Der Beirat der Hundert scheint auf einem Mißverständnis zu beruhen: Tacitus hat offenbar die sogenannten Hunnen, d. h. Obleute, die für je hundert wehrhafte Männer bestellt wurden, zu Mitgliedern eines hundert Mann starken Kollegiums umgedeutet. In Rom gab es ein ›Hundertmänner-Gericht‹, das vor allem über Erbschaftssachen zu befinden hatte« (Fuhrmann 1972, S. 76, Komm. z. St.).

13,1 Dass die Germanen stets Waffen tragen (was den Römern im Zivilleben verboten war), betont Tacitus auch in 11,1 und 22,1. – *Frame:* Siehe 6,1. – *Anlegen der Männertoga:* Bei dieser Zeremonie tauschten die jungen Römer im Alter zwischen 14 und 16 Jahren die (purpurverbrämte) *toga praetexta* gegen die weiße *toga virilis.* Damit wurden sie volljährig und durften an den Volksversammlungen teilnehmen. Während junge Römer mit dem Erwachsenwerden zu (friedlichen) Bürgern wurden, wurden die jungen Germanen zu Kriegern.

13,2 »Vorstellungen von einer festumrissenen Institution eines germanischen Gefolgschaftswesens, wie sie durch die Schilderung in der *Germania* des Tacitus suggeriert werden, haben sich als nicht haltbar erwiesen« (Schmauder 2020, S. 31). – *es ist keine Schande, sich unter den Gefolgsleuten zu zeigen:* weil sie Auserwählte waren und »nach dem Ermessen ihres Gefolgsherrn … über mehrere Sprossen zu der höchsten Stufe, dem Rang des engsten Vertrauten, aufsteigen konnten« (Flach 1989, S. 41). – *das größte Gefolge:* Da die Männer unterhalten und auch mit Waffen und Pferden ausgestattet werden mussten, kann das Gefolge nicht übermäßig groß gewesen sein. Im 4. Jh. beziffert der Historiker Ammian (*res gestae* 16,12,60) das Gefolge eines Alemannenkönigs mit 200 Mann; vgl. Fuhrmann 1972, S. 76, Komm. z. St.

14,1 *ehrlos und schmachvoll ist es, wenn sie ihren Gefolgsherrn überleben:* Fraglich ist, ob die Soldaten ihren Gefolgsherrn auch im Falle eines Sieges nicht überleben durften.

14,2 *Trägheit infolge einer langen Zeit des Friedens und des Nichtstuns:* ein häufiger Topos in der röm. Literatur; vgl. etwa Tacitus, *Agricola* 11,5: »Doch die Britannier zeigen mehr trotzigen Mut, weil sie ein langer Frieden noch nicht verweichlicht hat. Denn wie wir gehört haben, haben sich einst auch die Gallier in Kriegen sehr bewährt. Bald aber schlich sich mit dem Nichtstun auch Schlaffheit ein, und Tapferkeit und Freiheit gingen in gleicher Weise verloren. So erging es auch den Britanniern, die schon vor langer Zeit besiegt worden waren.« – *Frame:* Siehe 6,1.

14,3 *ein Germane ist lieber Krieger als Bauer:* Unzutreffende Verallgemeinerung, da die meisten Germanen Bauern waren und sicher hart arbeiten mussten. Zur Vernachlässigung der Landwirtschaft vgl. auch 15,1 und 26,3. Vielleicht handelt es sich um ein »Wandermotiv« über die Lebensweise von Barbaren; vgl. etwa Herodot 5,6,2: »Nichtstun ist das Schönste, Landbestellen das Verachtetste, Von-Krieg-und-Beute-Leben das Ehrenvollste.« Dass die Germanen den Ackerbau verschmähten, widersprach dem konservativen röm. Ideal, wonach das Leben als Bauer die Voraussetzung für moralische Vollkommenheit bildete.

15,1 *Tätigkeiten, wenn sie nicht in den Krieg ziehen:* Die (gewiss stark übertriebenen) Ausführungen gelten wohl nur für die »Berufskrieger«.

15,2 *Brustschmuck:* Die *phalerae* waren Tapferkeitsorden aus Metall, die auf der Brust getragen wurden. – *von uns haben sie inzwischen auch gelernt, Geld anzunehmen:* In der Kaiserzeit haben sich die Römer häufig den Frieden von den Germanen erkauft; vgl. auch 42,2.

16,1 *sie haben keine Städte:* Es sind jedoch Fliehburgen, wie etwa die Milseburg in der Rhön, nachgewiesen. In der Tat gab es nur Dörfer, die aus fünf bis zu 20 (eingezäunten) Gehöften bestanden. – *sie siedeln getrennt und verstreut:* Dem widersprechen die archäologischen Befunde: »Die Dörfer lagen … nicht versteckt und zerstreut …, sondern in Blickverbindung zueinander in nur wenigen Kilometer Abstand. Mit bis zu 20 Gehöften pro Siedlung war die Besiedlungsdichte beachtlich, die Bevölkerung zahlreich und konnte erhebliche Kriegerzahlen stellen« (Steuer 2020, S. 48). – *sie siedeln dort, wo ihnen eine Quelle, ein Feld oder ein Wald gefällt:* Vgl. die zahlreichen Ortsnamen auf -bach, -born, -feld, -wald usw.

16,2 *sie kennen nicht einmal Bruchsteine:* Dass die Germanen den Steinbau von den Römern übernommen haben, belegen zahlreiche Lehnwörter wie Zement, Mörtel, Kalk, Mauer, Fenster, Keller. Trotzdem waren ihre aus Holz und Lehm errichteten Häuser mit

Wohn- und Stallteil nicht primitiv, sondern ihrer Lebens- und Wirtschaftsweise angepasst. In Niedersachsen wurden solche Wohnstallhäuser »bis in die Gegenwart errichtet« (Steuer 2020, S. 52). – *manche Flächen bestreichen sie:* Ob Außen- oder Innenwände gemeint sind, ist umstritten. – *Gemälde oder farbiges Linienwerk:* Perl (1990 S. 179, Anm. z. St.) fasst beide Begriffe zu »Bemalung (der Außenwände) mit farbigen Feldern« zusammen und versteht darunter »mit Farben ausgefüllte Umrisse, also farbige Figuren, Rechtecke o. ä.«. Lund übersetzt: »Wandmalereien mit farbigen Konturen« im Inneren der Häuser.

16,3 *unterirdische Gruben:* Wohn- und Vorratsgruben sind hier fälschlicherweise gleichgesetzt. Für die Aufbewahrung von Lebensmitteln wäre die Wärme in den Gruben nicht geeignet gewesen.

17,1 *Umhang:* rechteckiges grobes Wolltuch, das an der rechten Schulter mit einer Spange zusammengehalten wurde. Die angeblich spärliche Bekleidung bedient das Klischee vom halbnackten Wilden. Wie Moorfunde zeigen, trugen die Germanen (und wohl nicht nur die Wohlhabendsten) außer dem Umhang Hemd und Hose, Lederschuhe und eine Kappe aus Leder oder Fell. Unterwäsche und Strümpfe waren anscheinend unbekannt. – *Untergewand:* Gemeint ist die Hose. – *Sarmaten:* Siehe Anm. zu 1,1. – *Parther:* Siehe Anm. zu 37,3. – *Tierfelle:* V. a. Schaf- und Lammpelze dienten als Umhang. – *sonst keine Luxusgüter:* »Daß die Vorstellung des Tacitus von der tatsächlichen Verbreitung römischer Luxusimportwaren im sogenannten freien Germanien falsch und irrig ist, liegt auf der Hand. Die archäologischen Funde und Befunde lassen ganz andere Schlußfolgerungen zu. Vereinfacht ausgedrückt, kann man sagen, daß die importierten römischen Luxusartikel weiter im Binnenland verkauft wurden, wogegen die alltäglichen Waren vorwiegend in der Nähe des Limes feilgeboten wurden« (Lund 1991b, S. 1904).

17,2 *die Tracht der Frauen ist nicht anders:* Dem widersprechen die archäologischen Befunde. So trugen die Frauen z. B. keine Hosen. Vielleicht soll hier, wie in 20,2, die Gleichheit zwischen den Geschlechtern betont werden. – *der obere Teil des Gewandes:* »Gemeint ist das Untergewand, das, wie Tacitus hier andeutet, aus

Bluse und Rock bestand« (Fuhrmann 1972, S. 78, Komm. z. St.). – *nackte Unter- und Oberarme:* für Römerinnen ungehörig.

18,1 Mit *dennoch* ist gemeint: obwohl die Germaninnen sich aus röm. Sicht allzu freizügig kleiden. – *sie sind fast die einzigen Barbaren, die sich mit nur einer Ehefrau begnügen:* Die Einehe war aber, vermutlich schon aus wirtschaftlichen Gründen, auch bei den Iberern und Galliern der Normalfall. Laut Caesar (*de bello Gallico* 1,53,4) hatte der Suebe Ariovist zwei Ehefrauen.

18,2 *Mitgift:* nach Lund 1991b, S. 1905, keine Form des Brautkaufs, sondern, wie die Gegengeschenke der Frau zeigen, der Nachweis der Gleichstellung von Mann und Frau. – *Frame:* Siehe 6,1. – *geheimnisvolle Weihe, göttlicher Schutz:* Anspielung auf die altröm. Hochzeitsform der *confarreatio.*

18,3 *Auspizien:* In Rom wurden durch Deutung des Vogelflugs und der Eingeweide der Opfertiere die Götter nach ihrer Zustimmung zur Eheschließung gefragt. – *die Gaben, die sie empfange:* Gemeint sind wohl nicht die materiellen Geschenke, deren Lebensdauer ja begrenzt war, sondern die mit ihnen verbundenen Wertvorstellungen.

19,1 *verführerische Schauspiele:* Da die Römerinnen Theaterveranstaltungen besuchen durften, waren sie laut einem Topos der röm. Literatur (vgl. etwa Ovid, *ars amatoria* 1,100: Theater als »ein gefährlicher Ort für die Keuschheit«) zahlreichen Versuchungen ausgesetzt. – *geheimer Briefwechsel:* Gemeint sind Liebesbriefe; da die Germanen damals noch keine Schriftzeichen kannten, »liest sich die Bemerkung als eine bewußt ironische Zweideutigkeit oder eine witzige Bemerkung« (Lund 1988, S. 164, Komm. z. St.). – *Ehebruch:* In Rom wurden treulose Frauen bestraft, Männer nur, wenn man sie auf frischer Tat ertappte. – *Haare kurz geschnitten:* Ob es sich bei den aufgefundenen Moorleichen mit geschorenen Haaren um Ehebrecherinnen handelte, ist strittig. – *Verführen und Sichverführenlassen gilt nicht als Zeichen von Modernität:* »Seitenhieb auf die Sittenlosigkeit der oberen Schichten in Rom der Gegenwart (auch von den gleichzeitigen Satirikern häufig gegeißelt), die zur Entschuldigung die eigenen Fehler dem Zeitalter anlasten« (Perl 1990, S. 186, Komm. z. St.).

19,2 *die Stämme, in denen nur Jungfrauen heiraten und es mit den Hoffnungen und Wünschen einer Frau ein für alle Mal sein Bewenden hat:* Um welche Stämme es hier geht, ist nicht bekannt. – *sie bekommen nur einen Mann:* Das altröm. Ideal der *univira*, der nur einmal verheirateten Frau, ist auch auf röm. Grabsteinen bezeugt. – *die Zahl der Kinder zu beschränken oder eines der nachgeborenen zu töten gilt als schändliches Verbrechen:* Allerdings lassen sich auch bei den Germanen Kindesaussetzungen nachweisen; vgl. Lund 1991b, S. 1908. Mit den *nachgeborenen* Kindern sind im röm. Recht Kinder gemeint, die geboren werden, wenn bereits Erben vorhanden sind; sie wurden in Rom häufig ausgesetzt, damit das Testament weiterhin Bestand haben konnte. – *durch die guten Sitten wird mehr erreicht als andernorts durch gute Gesetze:* In Rom versuchte Augustus, allerdings ohne Erfolg, die Geburtenrate zu erhöhen (und die Moral der oberen Schichten zu verbessern), indem er Unverheiratete und Kinderlose bestrafte und Bürgern, die drei und mehr Kinder hatten, steuerliche und andere Privilegien (*ius trium liberorum*) einräumte.

20,1 *in jedem Haus wachsen die Kinder nackt und schmutzig auf:* gewiss eine unzutreffende Verallgemeinerung. – *jedes Kind wird von seiner eigenen Mutter gestillt:* anders als in der röm. Oberschicht, wo die Kinder Ammen, meist Sklavinnen, übergeben wurden. Über deren völlige erzieherische Inkompetenz klagt Tacitus in *dialogus de oratoribus* 28 f. – *Virtus:* Personifikation der Tapferkeit/Tüchtigkeit.

20,2 *mit dem Sex lassen die jungen Männer sich Zeit:* Darauf hatte bereits Caesar (*de bello Gallico* 6,21,4 f.) hingewiesen: »Wer am längsten keusch geblieben ist, wird in seinem Volk am meisten gelobt. Man glaubt, dass hierdurch der Wuchs gefördert, die Kräfte gesteigert und die Muskeln gestärkt werden. Vor dem 20. Lebensjahr Umgang mit einer Frau gehabt zu haben rechnen sie zu den größten Schändlichkeiten.« – *die jungen Mädchen werden nicht allzu früh verheiratet:* Vielleicht kritisiert Tacitus hier implizit die Verhältnisse in Rom, wo die Mädchen häufig schon mit zwölf Jahren verheiratet wurden. – *ebenbürtige Partnerinnen:* Ggf. ist gleichaltrig gemeint; vgl. Schulz 1961, S. 72, Komm. z. St.

20,3 *die Söhne der Schwestern genießen bei ihrem Onkel dieselbe Wertschätzung wie bei ihrem Vater:* vielleicht die Spuren eines früheren Avunkulats: Wenn die Rolle bzw. Person des biologischen Vaters nicht feststand, übernahm der Bruder der Mutter als nächster männlicher Verwandter die Vaterstelle; vgl. Perl 1990, S. 189, Komm. z. St. – *Rechtsnachfolger sind nur die eigenen Kinder:* etwa bei Priesterämtern; vgl. auch den Anfang von Kap. 21. – *Kinderlosigkeit bringt keinerlei Vorteile:* In Rom hingegen konnten kinderlose Reiche, wenn sie von Erbschleichern umworben wurden, ein sehr angenehmes Leben führen.

21,1 *Pflicht, die Feindschaften des Vaters oder eines Verwandten zu übernehmen:* Gemeint sind Fehden, die in Form der Blutrache ausgetragen wurden – als Teil des Erbes; bei den Römern war nur die Gastfreundschaft erblich. – *Abgabe von Groß- und Kleinvieh:* das sog. Wergeld, d. h. Manngeld (von *vir*, Mann). – *angesichts der Freiheit sind Fehden gefährlich:* Die Stammesgewalt konnte die Fehden nicht ausreichend eindämmen.

21,2 *Geselligkeit und Gastfreundschaft werden von keinem anderen Volk hingebungsvoller gepflegt:* gängiger Topos für die nördlichen Völker. Vgl. auch Caesar (*de bello Gallico* 6,23,9): »Einen Gast zu verletzen halten die Germanen für Sünde; wer aus irgendeinem Anlass, welcher es auch sei, zu ihnen kommt, den schützen sie vor Unrecht und halten ihn für unverletzlich. Ihm steht das Haus aller offen, und die Nahrung wird mit ihm geteilt.« – *sind die Vorräte aufgezehrt, verweist der Gastgeber seinen Besucher auf ein anderes Quartier:* Im Allgemeinen galt, so wie in Rom (vgl. Plautus, *miles gloriosus* 741 f.), das Gastrecht für drei Tage. – *man freut sich über Geschenke, rechnet sie aber dem Beschenkten nicht an und fühlt sich durch sie nicht verpflichtet:* »Dem Bewohner einer Großstadt wie Rom kam diese Art der Gastfreundschaft sicher fremd vor; gegenseitige persönliche Verpflichtungen spielen eine große Rolle im gesellschaftlichen Leben Roms, da darüber sozusagen genau Buch geführt wurde wie im Geschäftsverkehr zwischen Gläubigern und Schuldnern« (Perl 1990, S. 191, Komm. z. St.).

22,1 *Schlaf bis in den Tag hinein:* Die Römer hingegen standen früh auf, um die noch kühleren Vormittagsstunden zu nutzen, und hielten dafür Siesta. – *sich mit warmem Wasser waschen:* Nach Caesar, *de bello Gallico* 4,1,10, badeten die Sueben trotz des sehr kalten Klimas in (kalten) Flüssen. – *Mahlzeit mit eigenem Sitzplatz und Tisch:* In Rom wurden gemeinsame Mahlzeiten im Liegen eingenommen; dabei waren jeweils drei Sofas um einen gemeinsamen Tisch aufgestellt; der eigene Sitzplatz und eigene Tisch der Germanen ist vielleicht Ausdruck ihrer *libertas* (Individualität). – *in Waffen:* Vgl. 11,2 und 13,1.

22,2 *Aussöhnung von Feinden, Knüpfen verwandtschaftlicher Beziehungen, Wahl von Gefolgsherren, Beratung über Krieg und Frieden:* vielleicht die in 11,1 erwähnten Angelegenheiten, über die sich die Stammesfürsten vor der Beschlussfassung in der Volksversammlung berieten. – *sie sind weder hinterhältig noch durchtrieben:* Hingegen bescheinigt Caesar in *de bello Gallico* 4,13,4 den Germanen *perfidia* (Treulosigkeit) und *simulatio* (Verstellung), und Velleius Paterculus (2,118,1) bezeichnet sie als verschlagen und ein Volk von Lügnern. »Es kommt ganz auf die Sichtweise an: Einem Naturvolk am Rand der bekannten Welt traut man positive Eigenschaften zu; wird es aber zum Feind, kann es nur hinterlistig und treulos sein« (Fink [4]2011, S. 91, Komm. z. St.).

23 *ein Gebräu aus Gerste oder Weizen:* Umschreibung für das in Rom unbekannte Bier. – *Wein:* Als Erfindung des Gottes Dionysos (Bacchus) galt Wein in der griech.-röm. Kultur als Getränk der »Zivilisierten«. Er wurde den Germanen erst durch die Römer bekannt. Bei den Germanen nachweisbar sind Getränke aus vergorenem Obst und der aus Wasser und Honig zubereitete Met, den Tacitus merkwürdigerweise nicht erwähnt. – *die Nahrung ist schlicht:* Sie bestand hauptsächlich aus je nach Region unterschiedlichen Getreidesorten, Hülsenfrüchten, Ölpflanzen und den Samen von Wildgräsern; vgl. Kreuz 2020, S. 119–145. – *frisches Wildbret:* Bei den Römern musste es abgehangen sein. Sicher verzehrten die Germanen auch das Fleisch von Haustieren. – *kein Würzen der Speisen:* Die Germanen kannten nur Salz und vielleicht einige Wildkräuter. – *beim Stillen des Durstes sind sie nicht so maßvoll:* Vgl. Kap. 4. – *Trunksucht:* ein Barbarentopos; vgl. Justinian 1,8 (über die Skythen).

24,1 *sie kennen nur eine Art des Schauspiels:* Dass es nur den hier beschriebenen Schwerttanz – vielleicht ein Initiationsritus oder eine religiöse Feier zu Ehren des Kriegsgottes – gegeben haben soll, ist wenig wahrscheinlich. – *Frame:* Siehe 6,1. – *es geht ihnen nicht um Geld oder Gewinn:* im Gegensatz zu röm. Tänzern oder Gladiatoren, die ihre Kunst gewerbsmäßig betrieben.

24,2 In Rom war das *Würfelspiel* zunächst verboten, in der Kaiserzeit dann aber sehr beliebt; vgl. etwa Sueton, *Augustus* 71,1 und *Nero* 30,3. In Germanien hat man Würfel aus der frühen Kaiserzeit gefunden. – *sie betreiben das Würfelspiel in nüchternem Zustand wie eine ganz ernsthafte Angelegenheit:* eine »verkehrte Welt«, da die Germanen umgekehrt ernsthafte Dinge bei Gelagen besprachen; vgl. 22,2. – *die Verlierer begeben sich freiwillig in die Sklaverei und werden weiterverkauft:* »Die ganze Partie wirkt unglaubwürdig. Tacitus scheint einzelne Vorkommnisse verallgemeinert und phantasievoll ausgemalt zu haben. Die Motivation für die Weiterveräußerung ist sicherlich von ihm erfunden« (Fuhrmann 1972, S. 81, Komm. z. St.).

25,1 *sie verwenden ihre Sklaven anders als wir:* In den Häusern wohlhabender Römer waren den oftmals sehr zahlreichen Sklaven jeweils spezielle Tätigkeiten zugewiesen. Bei den von Tacitus hier beschriebenen german. Sklaven handelte es sich um Hörige (später: leibeigene Bauern), die frei wirtschafteten, aber ihrem Herrn Abgaben zu leisten hatten. – *sie werden selten mit Prügel bestraft:* In Rom hingegen wurden Sklaven oftmals sehr brutal behandelt. – *Jähzorn:* In *de ira* 2,15,1 bezeichnet Seneca die Germanen und Skythen als die jähzornigsten aller freien Völker. – Die *Tötung eines Sklaven* war auch bei den Römern, da Sklaven ja als »Sache« galten, bis in die Kaiserzeit straffrei.

25,2 *Freigelassene:* Im 1. Jh. n. Chr. konnten Freigelassene sogar am röm. Kaiserhof in die höchsten Ämter aufsteigen und sehr reich werden; vgl. etwa Sueton, *Claudius* 28. – *die untergeordnete Stellung der Freigelassenen als Beweis für die herrschende Freiheit:* Auf den Gegensatz zwischen der Macht der Freigelassenen und der Freiheit verweist Tacitus auch in *annales* 14,39 bei den Britanniern: »Noch war bei den Britanniern das Gefühl für Freiheit lebendig, und die Macht der Freigelassenen war ihnen noch nicht bekannt.«

26,1 *Geld gegen Zinsen ausleihen:* Aufgrund der vorherrschenden Naturalwirtschaft (vgl. 5,1) spielten Geldgeschäfte natürlich keine Rolle. Der »Zinswucher« in Rom wird in Tacitus, *annales* 6,16 als altes Übel und häufigste Ursache von Aufruhr und Zwietracht gebrandmarkt. – *Unkenntnis hat einen nachhaltigeren Effekt als ein Verbot:* Vgl. den ähnlichen Gedanken am Ende von 19,2.

26,2 *Felder werden gemeinsam genutzt:* Während Caesar in *de bello Gallico* 4,1,7 und 6,22,2 betont, dass es bei den Sueben keinen privaten Grundbesitz gebe, wird laut Tacitus das gemeinsame Land aufgeteilt und bestellt, wobei die Brache vielleicht als Weideland dient.

26,3 *ohne mühevolle Arbeit:* im Gegensatz zur intensiven Ackerbau- und Gartenkultur bei den Römern. Zur »Faulheit« der Germanen vgl. auch 15,1. – *Obstpflanzungen, Gemüsegärten:* »nach dem Stand der archäobotanischen Untersuchungen im germanisch besiedelten Raum (gab es) weder Gartenbau noch den Import von Früchten oder Gewürzen … Dies ist bemerkenswert, da Gartenbau zumindest Germanen der grenznahen Gebiete oder germanischen Händlern aus eigener Anschauung von den römischen Gutshöfen bekannt gewesen sein dürfte … (Hier haben wir es) nicht mit einer ökologisch bedingten Option, sondern mit einer kulturellen Entscheidung zu tun« (Kreuz 2020, S. 136).

26,4 *Gaben des Herbstes:* wohl die Obst- und Gemüsearten sowie Nüsse, die in röm. Gärten kultiviert und im Herbst geerntet wurden.

27,1 *die Bestattungen sind sehr schlicht:* anders als in Rom, wo sie von wohlhabenden Familien zur Selbstdarstellung genutzt wurden. – *Leichname werden verbrannt:* Die Einäscherung der Toten war seit der jüngeren Bronzezeit die Regel, aber für das 1./2. Jh. n. Chr. sind auch, anders als von Tacitus behauptet, prunkvolle Erdbestattungen bezeugt. »Die Toten – überwiegend Männer – sind unverbrannt und zum Teil mit umfangreichen, einander auffallend ähnlichen Ensembles aus wertvollem Tafelgeschirr und anderen Luxusgütern aus dem Römischen Reich sowie Schmuck und Kleidungsbestandteilen aus Edelmetall beerdigt worden« (Ludowici 2020, S. 214). – *die eigenen Waffen, manchmal auch ihr Pferd werden mitverbrannt:* Nicht in jedem Grab wurden Waffen gefunden, und Pferdebestattungen sind in der Archäologie erst seit dem 4. Jh. nachgewiesen. – *Rasenhügel:* Zur Zeit des Tacitus überwog das Flachgrab. – *das Grabmal als Last:* Röm. Leser dachten hier an die mächtigen steinernen Grabmonumente ihrer wohlhabenden Landsleute; Lund (1991b, S. 1918) verweist auf den auf röm. Grabsteinen zu findenden Wunsch *SIT TIBI TERRA LEVIS* (Möge dir die Erde leicht sein). – *Für die Frauen ziemt sich die Klage, für die Männer stilles Gedenken:* In Rom betrug die Trauerzeit für Männer einige Tage, für Frauen ein Jahr. Klagen galt als unmännlich; vgl. etwa Horaz, *epodi* 16,39: »Ihr, die ihr tapfer seid, legt die weibische Trauer ab.«

27,2 Hier wird der Inhalt der bisherigen Ausführungen zusammengefasst (Ursprung: Kap. 2–4; Sitten: Kap. 6–27) und das Programm für den zweiten Teil der Schrift benannt. Die verschiedenen Wanderungen sind in Kap. 28 f. thematisiert, die unterschiedlichen Einrichtungen und Gebräuche in 30–46,3.

28,1 *dass die Gallier stärker waren:* Vgl. Caesar, *de bello Gallico* 6,24,1. »Caesar … und Tacitus gehen … von der irrigen Annahme aus, die Gallier hätten ursprünglich nur das Gebiet des heutigen Frankreich bewohnt. In Wahrheit hatten sie teils von Anfang an auch östlich des Rheines gesessen, teils Gegenden besiedelt, die vorher illyrisch waren. Die These von ihrer einstigen Überlegenheit über die Germanen entbehrt somit der Grundlage« (Fuhrmann 1972, S. 84, Komm. z. St.). – *Gallier nach Germanien eingewandert:* Anders als in 27,2 angekündigt ist hier zunächst von einer Wanderung in umgekehrter Richtung die Rede.

28,2 *Herkynischer Wald:* die dt. Mittelgebirge; hier ist vielleicht nur der Schwäbische Jura gemeint. – *Helvetier:* kelt. Volk, das im 1. Jh. v. Chr. aus Südwestdeutschland in die Schweiz übersiedelte; zu ihrem Siedlungsgebiet vgl. Caesar, *de bello Gallico* 1,2,3. – *Bojer:* kelt. Stamm, der um 60 v. Chr. sein Gebiet (*Boihaemum:* Land der Bojer, Böhmen) verließ; dieses wurde 8 v. Chr. von den Markomannen besetzt.

28,3 *Aravisker, Oser:* illyr. Stämme in Österreich; in 43,1 spricht Tacitus den Osern die Zugehörigkeit zu den Germanen ab. – *Pannonien:* Siehe Anm. zu 1,1.

28,4 Hier beginnt die Aufzählung der nach Gallien ausgewanderten Stämme (vgl. 27,2). – Die *Treverer* lebten an der unteren Mosel; ihr Hauptort war Trier (Augusta Treverorum). – *Nervier:* belg. Volk zwischen Schelde und Sambre. – *Trägheit der Gallier:* Zum negativen Vorurteil gegenüber den Galliern siehe Anm. zu 14,2. – *Vangionen, Triboker, Nemeten:* Stämme um Straßburg, Worms und Speyer. – *Ubier:* ursprünglich am Taunus und in der Wetterau beheimatet; nach ihrer Unterwerfung unter die Römer wurden sie um 38 n. Chr. von Agrippa, dem Schwiegersohn des Augustus, auf dem linken Rheinufer angesiedelt. – *Status einer römischen Kolonie:* 50 n. Chr. auf Betreiben der Agrippina, der Frau des Kaisers Claudius. Ihr Geburtsort Ara Ubiorum (Köln) wurde in Colonia (Claudia Ara) Agrippinensis umbenannt.

29,1 Die *Bataver* siedelten im Mündungsgebiet von Rhein und Maas, auf der Insel im Rheindelta (*insula Batavorum*, Betuwe). Zur einstigen Zugehörigkeit zu den *Chatten* (siehe Kap. 30 f.) und der Auswanderung: ebenso Tacitus, *historiae* 4,12,2. 12 v. Chr. wurden die Bataver nach den Feldzügen des Drusus, des Stiefsohns von Kaiser Augustus, ins Römische Reich eingegliedert. 69/70 n. Chr. kam es zu einem Aufstand, doch dieser wurde unter Claudius Civilis niedergeschlagen. Anschließend waren die Bataver den Römern wieder treu ergeben. – *Steuerpächter:* Im Rahmen der Verwaltung des Römischen Reiches wurden bestimmte öffentliche Aufgaben an Privatunternehmer vergeben. V. a. die Steuerpächter (*publicani*) waren wegen ihres ausbeuterischen Vorgehens übel beleumdet.

29,2 *Mattiaker:* Völkerschaft in der Gegend von Wiesbaden. – *feuriges Temperament aufgrund des Klimas:* Nach antiker Auffassung hatte das Klima Einfluss auf den Charakter der Menschen. Tacitus hält das Klima in Südhessen also für rauer als am Niederrhein.

29,3 *†Zehntland†:* eine in der Forschung höchst umstrittene Stelle, da der Begriff *decumates* nur hier bezeugt ist. Es dürfte sich um einen steuerrechtlichen Begriff handeln: Die Siedler mussten ein Zehntel ihres Ernteertrags abgeben. Das Gebiet entspricht Teilen

Baden-Württembergs und vielleicht der hessischen Wetterau; vgl. Fischer 1989, S. 229. – *Grenzwall:* der obergerman.-rät. Limes; diese 85 n. Chr. von Kaiser Domitian begonnene und mit Kastellen verstärkte Grenzsicherung wurde unter Trajan (reg. 98–117) und Hadrian (reg. 117–138) weiter ausgebaut; sie begann in der Nähe von Regensburg und endete südlich von Bonn. – *Teil der Provinz:* gemeint ist die Provinz Obergermanien.

30,1 *Mattiaker:* Siehe Anm. zu 29,2. – *Herkynischer Wald:* Siehe Anm. zu 28,2; hier kommen indes nur der Spessart, der Vogelsberg, die Rhön und das Weserbergland infrage. – *Chatten:* Mit ihnen – auf sie geht der Name »Hessen« zurück – beginnt die Reihe der freien Germanenstämme. Dass sie für Tacitus etwas Besonderes sind, zeigt sich auch darin, dass ihnen als einziger Völkerschaft zwei Kapitel gewidmet sind. – Dass alle anderen german. Stämme in *flachen und sumpfigen* Gebieten gesiedelt hätten, ist natürlich unzutreffend.

30,2 Wieder schließt Tacitus von den Umweltbedingungen auf den Charakter der Menschen; siehe Anm. zu 29,2. Das beschriebene Verhalten der chattischen Krieger entspricht ganz dem der röm. Legionäre.

31,1 *sie lassen Haar und Bart wachsen:* »Daß alle jungen Chatten bis zur Tötung eines Feinds wie die nordischen Berserker herumgelaufen und daß die Feiglinge zeitlebens den Haarwust nicht losgeworden seien, ist wenig glaubhaft und auch in sich nicht ganz stimmig, zumal sie dann ja ebenso ausgesehen hätten wie die Tapfersten« (Fink ^{4}2011, S. 96, Komm. z. St).

31,2 *auf diese Weise:* d. h. mit der wilden Haartracht und dem eisernen Ring.

31,3 *niemand hat ein Haus, ein Feld oder irgendwelche Pflichten:* Vgl. 15,1; diese Lebensweise entsprach offenbar dem Kriegerideal. – *sie werden bewirtet:* Zur german. Gastfreundschaft vgl. 21,2.

32 *wo der Rhein noch ein festes Flussbett hat:* vor dem Rheindelta. – Die *Usiper* und *Tenkterer* lebten am rechten Rheinufer, etwa zwischen Bonn und Xanten, überschritten 56/55 v. Chr. den Rhein und wurden von Caesar zurückgeschlagen. – Die *hervorragende Reitkunst der Tenkterer* ist auch in Caesar, *de bello Gallico* 4,12,1 f.

bezeugt, wo 800 Reiter dieser Stämme 5000 röm. Kavalleristen besiegen.

33,1 Die *Brukterer* lebten an der Ems und waren an der Varusschlacht im Teutoburger Wald (9 n. Chr.) und am Bataveraufstand (69/70 n. Chr.) beteiligt. Anders als von Tacitus behauptet, wurden sie von den *Chamavern* (zwischen Ijssel und Ems) und den *Angrivariern* (an der mittleren Weser) nicht völlig ausgerottet. – *Schauspiel einer Schlacht:* Vielleicht konnten die Römer das Gefecht von ihrem Lager in Xanten aus beobachten.

33,2 *wenn das Reich in Bedrängnis ist:* Der Sinn dieser Stelle ist äußerst strittig. Anders als etwa Flach (1989, S. 30 f.) deutet Lund den Text *urgentibus imperii fatis* positiv und übersetzt: »wenn uns das Schicksal des Imperiums vorwärtstreibt«; die Römer seien davon überzeugt gewesen, dass es die Aufgabe oder Sendung Rom war, alle Barbarenstämme zu unterwerfen (vgl. Lund 1988, S. 202, Komm. z. St., mit Verweis auf Vergil, *Aeneis* 6,852 f.). Das ist gewiss richtig, aber m. E. kein Argument gegen eine »negative« Interpretation der taciteischen Formulierung.

34,1 *Angrivarier, Chamaver:* Siehe Anm. zu 33,1. – Die *Dulgubiner* und *Chasuarier* siedelten an Aller und Hase. – Die *Großfriesen* waren östlich, die *Kleinfriesen* südlich der Zuidersee angesiedelt. – *riesige Seen:* der Lacus Flevus (Flevo) und kleinere Seen, die durch spätere Sturmfluten zur Zuiderzee wurden; dieses Seengebiet wurde von Drusus (12 v. Chr.), Tiberius (5 n. Chr.; siehe Anm. zu 1,1) und Germanicus (15/16 n. Chr.) befahren.

34,2 *Säulen des Herkules* gab es außer an der Straße von Gibraltar auch an anderen Meerengen als Zeichen für das Ende der Welt. Gegen die Vermutung mancher Kommentatoren, hier könne Helgoland gemeint sein, spricht, dass Tacitus im nächsten Satz ausdrücklich vermerkt, dass der Ozean weitere Nachforschungen verhindert habe. – *Drusus Germanicus:* entweder der Stiefsohn des Augustus und jüngere Bruder des Kaisers Tiberius (siehe Anm. zu 29,1), der postum den Beinamen Germanicus erhielt, oder Germanicus, der Sohn dieses Drusus.

35,1 *in einem gewaltigen Bogen:* Hier ist der Sinn unklar. Meint Tacitus die Halbinsel Jütland oder eine große Meeresbucht? – Die

Chauken siedelten auf beiden Seiten der unteren Weser zwischen Ems und Elbe. Mit den Nachbarstämmen sind offenbar die Chamaver und Angrivarier (vgl. Kap. 33) sowie die Dulgubiner und Chasuarier (vgl. Kap. 34) gemeint. »Die Vorstellung, das Gebiet der Chauken habe mit einem Zipfel sogar die Chatten erreicht, ist gänzlich verfehlt« (Fuhrmann 1972, S. 86, Komm. z. St.). – *Friesen:* Siehe Anm. zu 34,1. – *Chatten:* Siehe Anm. zu 30,1. – *die Chauken schützen sich durch Gerechtigkeit:* Dem widerspricht Tacitus' späterer Bericht z. B. über die Vertreibung der Ampsivarier (*annales* 13,55), ihre Raubüberfälle auf die gallische Küste (*annales* 11,18) und ihre Beteiligung am Bataveraufstand (*historiae* 4,79,2).

36,1 *Cherusker:* Ihr Siedlungsraum reichte vom Nordrand des Harzes bis an die Elbe und zum Quellgebiet von Ems und Lippe. – *Frieden macht schlaff:* Topos; siehe Anm. zu 14,2. Der Niedergang der Cherusker war in Wahrheit durch innere Rivalitäten, die auch von den Römern geschürt wurden, bedingt. Seltsamerweise verschweigt Tacitus hier ihren entscheidenden Anteil an der röm. Niederlage bei der Schlacht im Teutoburger Wald (9 n. Chr.) sowie den Sieg ihres Fürsten Arminius über den Markomannenkönig Marbod (17 n. Chr.).

36,2 *Foser:* nicht weiter bekannt.

37,1 *dieselbe Ausbuchtung Germaniens:* die Halbinsel Jütland oder eine große Meeresbucht; vgl. 35,1. – *Kimbern:* Um 120 v. Chr. zwang eine Sturmflut die in Jütland ansässigen Kimbern, ihre Heimat zu verlassen. Zusammen mit den Teutonen, die Tacitus hier nicht erwähnt, zogen sie bis in die Provinz Noricum, wo sie um 113 v. Chr. bei Noreia (Neumarkt in der Steiermark) die Römer in einer Schlacht besiegten. Danach fielen sie auch in Gallien ein und fügten den Römern bei Arausio (Orange) eine schwere Niederlage zu (105 v. Chr.). Beim Versuch, Italien zu überfallen, wurden die Teutonen im Jahr 102 v. Chr. von Marius bei Aquae Sextiae (Aix-en-Provence) vernichtend geschlagen, ebenso wie ein Jahr später die Kimbern bei Vercellae (Vercelli, Oberitalien).

37,2 *im 640. Jahr nach Gründung unserer Stadt:* d. h. 113 v. Chr., als die Kimbern (und Teutonen) die Römer in der Schlacht bei Noreia besiegten; der Legende nach wurde Rom 753 v. Chr. gegründet. – *Pa-*

pirius Carbo verlor als Konsul des Jahres 113 v. Chr. die Schlacht bei Noreia. – *im zweiten Konsulat des Kaisers Trajan:* 98 n. Chr. Die *Germania* muss also in/nach diesem Jahr und vor Trajans drittem Konsulat im Jahr 100 verfasst worden sein. – *so lange schon wird Germanien besiegt:* natürlich ironisch gemeint. Vgl. auch den letzten Satz von Kap. 37.

37,3 *Samniten:* Volk in Mittelitalien; zwischen 343 und 290 v. Chr. führten die Römer gegen sie drei Kriege; bei den Kaudinischen Pässen erlitten sie 321 v. Chr. eine schwere Niederlage. – *Punier:* die in Nordafrika beheimateten Karthager; Rom kämpfte mit Karthago in drei Kriegen um die Vorherrschaft im Mittelmeerraum (264–241; 218–201; 216 Niederlage bei Cannae gegen Hannibal; 149–146 v. Chr.). – *die spanischen Provinzen:* In Spanien gab es seit 197 v. Chr. zwei, seit 19 v. Chr. drei Provinzen. Tacitus denkt hier vermutlich v. a. an den Zweiten Punischen Krieg und an die späteren Aufstände der Keltiberer und Lusitaner (197–179 bzw. 154–133 v. Chr.). – *die gallischen Provinzen:* Gallia transalpina/Narbonensis seit 121 v. Chr.; seit 50 bzw. 16 v. Chr. Tres Galliae (Gallia Aquitania, Gallia Lugdunensis und Gallia Belgica). Tacitus spielt hier wahrscheinlich auf Caesars Kämpfe in Gallien (58–51 v. Chr.) an. – *Parther:* Volk in Vorder- und Zentralasien. – *Arsakes:* erster König des Partherreichs (um 250 v. Chr.). – *Crassus:* Marcus Licinius Crassus wurde mit seinem Heer 53 v. Chr. in der Schlacht bei Carrhae von den Parthern besiegt und getötet. – *Pakoros:* König der Parther; er fiel 38 v. Chr. in der Schlacht bei Gindaros. – *Ventidius:* Publius Ventidius Bassus, röm. Feldherr niederer Herkunft, Sieger über Pakoros.

37,4 *Carbo:* Gnaeus Papirius Carbo, Konsul 113 v. Chr.; vgl. 37,2. – *Cassius:* Lucius Cassius Longinus unterlag 107 v. Chr. bei Agen (Gallien) dem mit den Kimbern verbündeten helvetischen Stamm der Tiguriner. – *Aurelius Scaurus, Servilius Caepio, Mallius Maximus:* Befehlshaber der 105 v. Chr. bei Arausio (siehe Anm. zu 37,1) besiegten Römer. Mit *zugleich* sind die Jahre 113–105 v. Chr. gemeint. Ein *konsularisches Heer* bestand gewöhnlich aus zwei Legionen (etwa 10 000 Mann; hinzu kamen etwa ebenso viele Truppen der Bundesgenossen sowie die Reiterei und der Tross); Aurelius Scaurus war nur Legat des Konsuls Marius. – *Varus:* Publius Quinctilius Varus wurde 9 n. Chr. in der Schlacht im Teutoburger Wald geschlagen und getötet. – *Gaius Marius:* Siehe Anm. zu 37,1. – *Iulius:* 58 v. Chr. bezwang Gaius Iulius Caesar im Elsass den Suebenkönig Ariovist. – *Drusus, Nero:* Die Brüder Marcus Drusus Nero und Tiberius Nero (der spätere Kaiser Tiberius) führten ab 12 v. Chr. in Germanien Eroberungszüge durch. – *Germanicus:* Der Sohn des Drusus bekriegte 14–16 n. Chr. die Germanen, bis er von Tiberius (nun Kaiser) abberufen wurde. – *Drohgebärden des Gaius Caesar:* Caligula (reg. 39–41) führte einen Feldzug gegen die Germanen, bei dem es aber zu keinen Kämpfen mit dem Gegner kam; trotzdem feierte er einen Triumph, bei dem er unter den Besiegten als Germanen ausstaffierte Gallier präsentierte; vgl. Sueton, *Caligula* 45,1; 46 f.

37,5 *unsere Zwistigkeiten und der Bürgerkrieg:* Gemeint sind die Thronstreitigkeiten nach der Ermordung Neros (68/69, »Vierkaiserjahr«). – *Winterlager:* Während des Bataveraufstands (siehe Anm. zu 29,1) wurden die Römerlager bei Xanten, Neuss und Bonn zerstört. – *in jüngster Zeit hat man mehr Triumphe als wirkliche Siege über sie gefeiert:* Anspielung auf die in den Jahren 83 und 89 gefeierten Triumphe des Kaisers Domitian über die Chatten (vgl. Sueton, *Domitian* 6,1); zugleich eine Kritik an dessen unzutreffender Propaganda: Er hatte, anders als auf seinen Münzprägungen (*Germania capta* – »Germanien [ist] eingenommen«) angegeben, zwar einige Erfolge errungen, die Chatten jedoch nicht entscheidend besiegen können.

38,1 Nach dem Exkurs über die Gefährlichkeit der Germanen folgt nun, bis Kap. 45, eine Behandlung der *Sueben,* zu denen Tacitus fast alle norddt. und ostgerman. Stämme rechnet, obwohl tatsächlich wohl nur die Semnonen, Mainsueben, Markomannen und Quaden zu ihnen gehörten. Zur Abfassungszeit der *Germania* waren sie von besonderem Interesse, weil Trajan sie gerade an der Donau besiegt hatte. – *Chatten:* Siehe Anm. zu 30,1. – *Tenkterer:* Siehe Anm. zu 32.

38,2 *zu einem Knoten gebundenes Haar:* Dieser Knoten – ein schneckenförmig gerolltes Zöpfchen über dem rechten Ohr – ist für die

Sueben und weitere Stämme auch von anderen Autoren, auf bildlichen Darstellungen und bei Moorleichen bezeugt; »als ethnisches Unterscheidungskriterium« ist dieses Merkmal »flach, beiläufig und unerheblich« (Timpe 1992, S. 284) und wird im Folgenden auch nicht mehr explizit erwähnt; in 43,1 gelten stattdessen Sprache und Lebensweise als Indiz für die Zugehörigkeit zu den Sueben. – *das Ziel, schrecklicher zu erscheinen:* Vgl. den Schlusssatz von 43,4.

39,1 Die *Semnonen* siedelten im Havelland und im Spreewald und ließen sich im 3. Jh. n. Chr. als Alemannen in Baden-Württemberg nieder. – *Augurien:* Vorzeichen, die aus der Deutung vor allem des Vogelflugs eingeholt werden, um den göttlichen Willen zu erkunden.

39,2 *Betreten des Hains in Fesseln:* Fesseln als Hinweis auf die Gottheit als »bindende Macht«. – *eine alles beherrschende Gottheit:* Fuhrmann (1972, S. 89, Komm. z. St.) denkt an den german. Kriegsgott Zio oder Tyr (vgl. 9,1), Perl (1990, S. 237, Komm. z. St.) an Merkur/Wodan.

39,3 *hundert Gaue:* ebenso Caesar, *de bello Gallico* 4,1,4 (Mainsueben). Mit »hundert« ist wahrscheinlich nur eine sehr hohe Zahl gemeint.

40,1 Die *Langobarden,* »Langbärte«, waren an der unteren Elbe angesiedelt, zogen später in den Donauraum und eroberten unter ihrem König Alboin ab 568 n. Chr. große Teile Norditaliens (Lombardei). – *ihre Sicherheit beruht auf ihrer Kampfbereitschaft und ihrem Wagemut:* Velleius Paterculus 2,106,2 bezeichnet sie als noch wilder und aggressiver als die übrigen Germanen.

40,2 *Reudigner, Avionen, Anglier, Variner, Eudosen, Suardonen, Nuitonen:* Von diesen nördlich der Elbe siedelnden Stämmen sind nur die Anglier und Variner noch bei anderen Autoren erwähnt; vgl. Lund 1988, S. 218, Komm. z. St. Die Anglier siedelten zwischen Schlei und Flensburger Förde, von wo aus sie im 5. Jh. n. Chr. zusammen mit den Sachsen in England einfielen. Die Eudosen sind vermutlich mit den anglofriesischen Jüten identisch, die ebenfalls nach England zogen. – *Nerthus:* Die Gleichsetzung mit Terra Mater ist röm. Interpretation und beruht darauf, dass beide als Fruchtbarkeitsgöttinnen angesehen wurden.

40,3 *Insel des Weltmeeres:* nicht lokalisierbar.

40,4 *die Göttin selber wird gewaschen:* Da die Germanen laut 9,2 keine menschenähnlichen Götterbilder kannten, ist unklar, wie sie hier symbolisiert sein könnte.

41,1 *so wie ich gerade eben dem Rhein gefolgt bin:* nämlich in den Kap. 28–34. – *Hermunduren:* Ihr Siedlungsgebiet entspricht in etwa Thüringen. – *den Römern treu ergeben:* Die Hermunduren hatten keine Kriege gegen Rom geführt, beteiligten sich aber später am Markomannenaufstand (166–180). – *die sehr prächtige Kolonie der Provinz Rätien:* wahrscheinlich Augusta Vindelicum (Augsburg), das allerdings keine Kolonie, sondern die Hauptstadt der Provinz war. – *sie konnten ohne Wachen die Grenze passieren:* Zumindest in der Abfassungszeit der *Germania* war dies nicht mehr möglich, da der Limes dies seit 90 n. Chr. verhinderte und Grenzübertritte streng reglementiert waren.

41,2 *Elbe:* Ob die Hermunduren zur Zeit des Tacitus noch im Gebiet der Elbequelle lebten, ist ungewiss. Röm. Befehlshaber drangen dreimal bis zur Elbe vor: Drusus (2 v. Chr.), Domitius Ahenobarbus (2 v. Chr.) und Tiberius (5 n. Chr.). Unter Augustus war der Strom die geplante Reichgrenze gewesen, doch nach der röm. Niederlage im Teutoburger Wald (9 n. Chr.) wurde dieses Vorhaben aufgegeben.

42,1 Die *Narister* siedelten am Fuße des Fichtelgebirges und des Böhmerwalds. – *Markomannen:* in Böhmen ansässiger Stamm; siehe Anm. zu 28,2. – *Quaden:* in Mähren ansässiger Stamm. – *Bojer:* Vgl. 28,2. – *die Narister und Quaden schlagen nicht aus der Art:* im Hinblick auf die Tapferkeit.

42,2 *Marbod:* seit 8 v. Chr. König der Markomannen. Nach anfänglich guten Beziehungen zwischen Rom und dem Marbodreich wurde der König schließlich 19 n. Chr. vertrieben und fand in Italien Asyl. – *Tuder:* vielleicht auch Tudrus; nicht weiter bekannt.

43,1 *Marsigner, Kotiner, Oser, Burer:* Stämme in Nordböhmen und der Slowakei. – *Sueben:* siehe 38 ff. mit Anm. zu 38,1. – *gallisch, pannonisch:* Siehe Anm. zu 1,1. – *sie lassen sich keine Tributzahlungen gefallen:* Aufgrund ihrer Freiheitsliebe würden »echte« Germanen solche Abgaben nicht akzeptieren. – *Sarmaten:* Siehe Anm.

zu 1,1. – *für sie noch beschämender:* weil sie Eisen hatten und deshalb Waffen schmieden konnten.

43,2 *fortlaufender Höhenzug:* Erzgebirge, Riesengebirge und Sudeten. – Die *Lugier* siedelten im Raum Schlesien. Sie lassen sich mit der Bevölkerung der sog. Przeworsk-Kultur gleichsetzen. Vgl. Nowakowski 2020, S. 473.

43,3 *Hain:* vielleicht auf dem Zobtenberg bei Breslau. – *Kastor und Pollux:* Zwillingssöhne des Zeus, die sog. Dioskuren, verehrt als Nothelfer auf dem Schlachtfeld oder bei Seenot. Göttliche Brüderpaare wie hier die *Alken* sind auch in anderen indogerman. Völkern bezeugt.

43,4 *die Körper bemalt:* mit einem Pflanzenfarbstoff oder mit Ruß. – *es werden zuerst die Augen besiegt:* Vgl. den ähnlichen Gedanken am Ende von 38,3.

44,1 *Gotonen:* Vorfahren der Goten, die sich aus dem östlichen Schweden und von der Insel Gotland kommend erst an der unteren Weichsel niederließen und ab 200 n. Chr. nach Südrussland weiterzogen; sie sind »mit großer Wahrscheinlichkeit mit den Trägern der Wielbark-Kultur im Unterweichselgebiet und im östlichen Hinterpommern gleichzusetzen« (Nowakowski 2020, S. 474). – *Rugier:* Völkerschaft im Weichseldelta. – *Lemovier:* in Pommern ansässiger Stamm. – *charakteristisch für alle diese Völkerschaften sind runde Schilde, kurze Schwerter:* Runde Schilde und kurze Schwerter gab es allerdings überall in Germanien.

44,2 *mitten im Ozean:* Zur Zeit des Tacitus galt Skandinavien noch als Insel. – *Suionen:* Stamm in Schweden. – *ihre Schiffe sind anders gebaut, mit frei beweglichem Ruderwerk:* Mit zwei Steven versehene Schiffe sind archäologisch nachgewiesen, etwa im Hjortspring-Moor auf der dän. Insel Alsen. Aufgrund ihrer Bauart mussten sie also keine Wendemanöver durchführen; »die Ruder waren nicht (wie bei den Römern) in Löchern der Bordwand befestigt, sondern bewegten sich frei in ringförmigen Schleifen, die an Blöcken in der Bordwand angebracht waren« (Harendza 1964, S. 60, Anm. 129).

44,3 *Reichtum steht bei ihnen in hohem Ansehen:* anders als bei den übrigen Germanen; vgl. 5,2. – *ein Sklave bewacht die Waffen:* für Tacitus vermutlich besonders skandalös.

45,1 *ein anderes Meer:* der die Erde umgebende Ozean. – *die letzten Strahlen der bereits untergehenden Sonne leuchten hell:* Zu den hellen Nächten des Nordens vgl. auch Tacitus, *Agricola* 12,4. – *Umrisse von Pferden und ein Strahlenhaupt:* das auf antiker Vorstellung beruhende Pferdegespann und das Haupt des Sonnengottes Helios. Vergleichbare Motive sind auch schon für die skandinavische Bronzezeit nachgewiesen.

45,2 *das suebische Meer:* die Ostsee. – *Ästier:* balt. Stämme; der Name wurde später auf die finnisch-ugrischen Esten übertragen. – *Göttermutter:* im röm. Sprachgebrauch ist damit Kybele (Magna Mater) gemeint.

45,3 *die übliche Trägheit:* Vgl. etwa Kap. 4; 14,3; 26,3.

45,4 *glesum:* Vgl. dt. Glas. – *der Bernstein pflegte unbeachtet liegen zu bleiben:* Anders als von Tacitus behauptet wurde Bernstein bereits in der Bronzezeit geschätzt, und zwar auch dort, wo er gefunden wurde.

45,6 *Suionen:* Vgl. 44,2. – *Sithonen:* Da sie nördlich der Ästier zu Hause sind, können sie keine Nachbarn der Suionen sein.

46,1 *Peukiner:* Teilstamm der Bastarnen/Bastarner (siehe im Folgenden) nördlich des Donaudeltas. – Die *Venether* siedelten östlich der Weichsel. – *Fennen:* vielleicht die (als Nomaden lebenden) Finnen und/oder Lappen; da sie völlig kulturlos sind und in einer »echten kommunistischen Gesellschaft leben«, stellen sie für Tacitus den Urmenschen dar, den Wilden par excellence (vgl. Lund 1988, S. 50). – *Sarmaten:* Siehe Anm. zu 1,1. – *Bastarnen:* ursprünglich an der Weichsel, dann an der Theiß, in den Karpaten und an der unteren Donau lebende Völkerschaft. »179 v. Chr. fielen Bastarner in Thrakien ein. Sie waren damit – rund siebzig Jahre vor den Kimbern und Teutonen – die ersten Germanen, die mit der griechisch-römischen Welt in Konflikt gerieten« (Fink ^{4}2011, S. 104, Anm. z. St.).

46,3 *ein schützendes Geflecht aus Zweigen:* Gemeint sind die sommerlichen Behausungen der Lappen, die sog. Reisighütten. – *sie halten ein solches Leben für glücklicher:* »Mit der Verherrlichung der Bedürfnislosigkeit in natürlicher Unschuld ohne Verlangen nach fremden Genüssen folgt Tacitus einem ethnographischen Topos«

(Perl 1990, S. 263, Komm. z. St.). – *sich zwischen Hoffen und Bangen bekümmern:* Hier ist die Bedeutung des lateinischen Verbs *versare* unklar: Fuhrmann und Fink übersetzen »nachdenken«, Perl »sich beunruhigen«, Lund »besorgt sein«, Mauersberger »Handel treiben«, Lindauer »Umsätze erzielen«.

46,4 Die *Hellusier* und *Oxionen*, wohl hoch im Norden angesiedelte Mischwesen, werden nur von Tacitus erwähnt. In *annales* 2,24 berichtet er von Soldaten des Kaisers Caligula (reg. 37–41), die nach ihrer Heimkehr von der Nordsee »von Meeresungeheuern und von Zwitterwesen aus Mensch und Tier (erzählten), mögen sie diese nun wirklich gesehen oder sie sich in ihrer Angst nur eingebildet haben« (Übers. W. Sontheimer). In der Antike war der Glaube an die Existenz wundersamer Völkerschaften am Rand der bewohnten Welt weit verbreitet. So erwähnt etwa Plinius der Ältere (*historia naturalis* 4,95) pferdefüßige Menschen; andere haben so große Ohren, dass sie damit ihren Körper bedecken können.

Das Gebiet des heutigen Deutschland mit den ungefähren Siedlungsgebieten germanischer Stämme (ohne diejenigen, bei denen die Lokalisierung zu unsicher erschien) © Peter Palm, Berlin

Literaturhinweise

Zweisprachige Ausgaben und Übersetzungen (Auswahl)

Tacitus: Germania. Lat./Dt. Übers., erl. und mit einem Essay ›Zum Verständnis des Werkes‹ sowie einer Bibliographie hrsg. von J. Lindauer. Reinbek: rororo, 1967.

P. Cornelius Tacitus: Germania. Lat./Dt. Übers., erl. und mit einem Nachwort hrsg. von M. Fuhrmann. Stuttgart: Reclam, 1972. [Zit. als Fuhrmann 1972.]

P. Cornelius Tacitus: Germania. Lat./Dt. Hrsg., übers., komm., interpret. und mit einer Bibliographie vers. von A. A. Lund. Heidelberg: Winter, 1988. [Zit. als Lund 1988.]

Griechische und lateinische Quellen zur Frühgeschichte Mitteleuropas bis zur Mitte des 1. Jahrtausends u. Z. Hrsg. von J. Herrmann. Zweiter Teil: Tacitus, Germania. Lat./Dt. Bearb. von G. Perl. Berlin: Akademie-Verlag, 1990. [Zit. als Perl 1990.]

Tacitus: Germania. Lat./Dt. Übers. und erl. von A. Mauersberger. München: Anaconda, 2009.

Cornelius Tacitus: Germania. Lat./Dt. Hrsg. und übers. von A. Städele. Mit einer Einf. und Erl. von G. Fink. Berlin: Akademie-Verlag, [4]2011. [Zit. als Fink [4]2011.]

Tacitus: Germania. Lat./Dt. Hrsg., übers. und komm. von U. Blank-Sangmeister. Nachw. von U. B.-S. und A. Fahrmeir. Stuttgart 2022. (Reclams Universal-Bibliothek. 14305.)

Tacitus: Germania. Die Annalen. Ausgew. und übers. von W. Harendza. München: Goldmann, 1964. [Zit. als Harendza 1964.]

Tacitus. Germania. Ins Engl. übers. von J. B. Rives. Oxford: Oxford University Press, 1999.

Publius Cornelius Tacitus: Agricola – Germania – Dialogus de oratoribus. Die historischen Versuche. Übers. und erl. von K. Büchner. Wiesbaden: VMA-Verlag, [3]2000. [3. Aufl., bearb. von R. Häussler. Zit. als Büchner [3]2000.]

Die Germanen des Cornelius Tacitus. Übers. von P. Stefan. Leipzig: Insel-Verlag, o. J.

Kommentare

Cornelii Taciti De origine et situ Germanorum. Lehrerkommentar. Bearb. von H. Schulz. Frankfurt a. M. / Berlin / Bonn: Diesterweg, 1961. [Zit. als Schulz 1961.]

Die Germania des Tacitus. Erl. von R. Much. Unter Mitarb. Von H. Jankuhn hrsg. von W. Lange. Heidelberg: Winter, ^{3}1967.

Lund 1988. (Siehe unter »Zweisprachige Ausgaben ...«.)

Perl 1990. (Siehe unter »Zweisprachige Ausgaben ...«.)

Rives 1999. (Siehe unter »Zweisprachige Ausgaben ...«.)

Zu Tacitus und zur *Germania*

A. R. Birley: The Life and Death of Cornelius Tacitus. In: Historia 49/2 (2000) S. 230–247.

K. Bringmann: Topoi in der taciteischen *Germania*. In: Jankuhn/ Timpe 1989. S. 59–78.

F. Fischer: Die *Germania* in der Archäologie. In: Jankuhn/Timpe 1989. S. 216–233.

F. Fischer / J. Heiligmann: Bemerkungen zur *Germania* des Tacitus aus archäologischer Sicht. In: Haase, Bd. II,33,3, 1991. S. 2223–54.

D. Flach: Die *Germania* des Tacitus in ihrem literaturgeschichtlichen Zusammenhang. In: Jankuhn/Timpe 1989. S. 27–58.

E. Flaig: Art. »Tacitus«. In: H. Cancik / H. Schneider (Hrsg.): Der Neue Pauly. Enzyklopädie der Antike. Bd. 11. Stuttgart/Weimar 2001. Sp. 1209–15.

M. Fuhrmann: Art. »Tacitus«. In: K. Ziegler / W. Sontheimer / H. Gärtner (Hrsg.): Der Kleine Pauly. Lexikon der Antike. Bd. 5. München 1979. Sp. 486–493.

A. Gudeman: The Sources of the *Germania* of Tacitus. In: Transactions and Proceedings of the American Philological Association 31 (1900) S. 93–111.

W. Haase (Hrsg.): Aufstieg und Niedergang der römischen Welt. Bd. II,33,2–33.5. Berlin / New York 1990/91.

J. Herrmann (Hrsg.): Griechische und lateinische Quellen zur Frühgeschichte Mitteleuropas bis zur Mitte des 1. Jahrtausends u.Z. Teil 2: Tacitus, *Germania*. Berlin 1990.

H. Jankuhn / D. Timpe (Hrsg.): Beiträge zum Verständnis der *Germania* des Tacitus. Teil I. Bericht über die Kolloquien der Kommission für die Altertumskunde Nord- und Mitteleuropas im Jahr 1986. Göttingen 1989.

A. A. Lund: Kritischer Forschungsbericht zur *Germania* des Tacitus. In: Haase, Bd. II,33,3, 1991. S. 1989–2222; 2341–44; 2347–81. [Zit. als Lund 1991a.]

– Zur Gesamtinterpretation der *Germania* des Tacitus. In: Haase, Bd. II,33,3, 1991. S. 1858–1988. [Zit. als Lund 1991b.]

G. Neumann / H. Seemann (Hrsg.): Beiträge zum Verständnis der *Germania* des Tacitus. Teil II. Bericht über die Kolloquien der Kommission für die Altertumskunde Nord- und Mitteleuropas im Jahr 1986. Göttingen 1992.

E. Norden: Die germanische Urgeschichte in Tacitus' *Germania*. Leipzig 1920. (Neudr. 1959.)

Th. Paulsen: »Grimmige blaue Augen und große Körper«. Die antiken Germanen aus der Sicht des römischen Historikers Tacitus. https://www.forschung-frankfurt.uni-frankfurt.de/64239422/FoFra_2016_02_Zeitlaeufte_Grimmige_blaue_Augen_und_grosse_Koerper.pdf [Zit. als Paulsen 2016.]

S. Schmal: Tacitus. Hildesheim / Zürich / New York [3]2011.

H. Steuer: Zehn Vorurteile antiker und moderner Historiker. Über die Verhältnisse in »Germanien« in den ersten Jahrhunderten um und nach Christi Geburt. In: Uelsberg/Wemhoff 2020. S. 43–65.

R. Syme: Tacitus. 2 Bde. Oxford 1958.

D. Timpe: Die Absicht der *Germania* des Tacitus. In: Jankuhn/Timpe 1989. S. 106–127.

– Der Sueben-Begriff bei Tacitus. In: Neumann/Seemann 1992. S. 278–310.

– Die *Germania* des Tacitus. Germanische Ethnographie und römische Zeitgeschichte. In: H. Schneider (Hrsg.): Feindliche Nachbarn. Rom und die Germanen. Köln/Weimar/Wien 2008.

K. Trüdinger: Studien zur Geschichte der griechisch-römischen Ethnographie. Basel 1918.

R. Urban: Aufbau und Gliederung der *Germania* des Tacitus. In: Jankuhn/Timpe 1989. S. 80–105.
G. Wissowa: Die germanische Urgeschichte in Tacitus' *Germania*. In: Neue Jahrbücher für das klassische Altertum 24 (1921) S. 14–31.

Zu den Germanen allgemein

B. Bleckmann: Die Germanen. München 2009.
H.-W. Goetz / K.-W. Welwei (Hrsg.): Altes Germanien. Auszüge aus den antiken Quellen über die Germanen und ihre Beziehungen zum Römischen Reich. Quellen zur Alten Geschichte bis zum Jahre 238 n. Chr. 2 Teilbde. Darmstadt 1995.
H. Herwig: Die Germanen. München [11]2021.
A. Kreuz: Frühgermanische Landwirtschaft und Ernährung. Antike Schriftquellen und archäobotanische Sicht. In: Uelsberg/Wemhoff 2020. S. 118–145.
E. Künzl: Die Germanen. Geheimnisvolle Völker aus dem Norden. Darmstadt 2019.
B. Ludowici: Germanisches Understatement? Unsichtbare Prunkbestattungen in der *Germania*. In: Uelsberg/Wemhoff 2020. S. 213–225.
W. Nowakowski: Germanen in der polnischen Archäologie. In: Uelsberg/Wemhoff 2020. S. 464–479.
W. Pohl: Die Germanen. München [2]2004.
M. Schmauder: Germanen. Eine archäologische Bestandsaufnahme. In: Uelsberg/Wemhoff 2020. S. 19–39.
G. Uelsberg / M. Wemhoff (Hrsg.): Germanen. Eine archäologische Bestandsaufnahme. Begleitband zur Ausstellung. Museum für Vor- und Frühgeschichte. Staatliche Museen zu Berlin. Berlin/Bonn/Darmstadt 2020.
R. Wolters: Germanenname und Germanenbegriff in der Antike. In: Uelsberg/Wemhoff 2020. S. 451–463.

Zur Wirkungsgeschichte der *Germania*

H. W. Benario: Tacitus' *Germania* and Modern Germany. In: Illinois Classical Studies 15 (1990) S. 163–175.

J. Helmrath: Die Reichstagsreden des Enea Silvio Piccolomini 1454/55. Habil. Köln 1994.

Ch. Hirschi: Wettkampf der Nationen: Konstruktionen einer deutschen Ehrgemeinschaft an der Wende vom Mittelalter zur Neuzeit. Göttingen 2005.

M. R. Koops: Von »libellus aureus« zu »einem der gefährlichsten Bücher je geschrieben«: Tacitus' *Germania* und die Germanen im deutschen Humanismus und deutschen Nationalismus des 19. Jahrhunderts. https://theses.ubn.ru.nl/bitstream/handle/123456789/9410/Koops%2C_M.R._1.pdf?sequence=1 (2020).

Ch. B. Krebs: Ein gefährliches Buch. Die »Germania« des Tacitus und die Erfindung der Deutschen. München 2011.

M. Meier: Die Geschichte der Völkerwanderung. Europa, Asien und Afrika vom 3. bis zum 8. Jahrhundert n. Chr. München 2019.

L. Regazzoni: Geschichtsdinge. Gallische Vergangenheit und französische Geschichtsforschung im 18. und frühen 19. Jahrhundert. Berlin 2020.

M. A. Ruehl: German Horror Stories: Teutomania and the Ghosts of Tacitus. In: Arion. A Journal of Humanities and the Classics 22 (2014) S. 129–190.

Im Nachwort zur Rezeptionsgeschichte erwähnte ältere Publikationen und Texte

Cornelii Taciti Germania, besonders für Studirende. Hrsg. von A. Baumstark. Leipzig: T. O. Weigel, 1875. [Zit. als Baumstark 1875.]

P. Cornelii Taciti opera quae supersunt ad fidem codicum mediceorum. Bd. 2. Bearb. von J. G. Baitero. Berlin: Calvary, 1877. [Zit. als Baitero 1877.]

Tacitus' Germania. Erkl. von U. Zernial. Berlin: Weidmannsche Buchhandlung, 1890. [Zit. als Zernial 1890.]

Cornelii Taciti de Germania. Hrsg. von H. Furneaux. Oxford: Clarendon, 1894. [Zit. als Furneaux 1894.]

U. J. H. Becker: Anmerkungen und Exkurse zu Tacitus *Germania* Cap. I bis XVIII. Hannover 1830.

O. Dann (Hrsg.): Friedrich Schiller. *Was heißt und zu welchem Ende studiert man Universalgeschichte.* Stuttgart 2006.

D. Womersley (Hrsg.): Edward Gibbon. *The Decline and Fall of the Roman Empire* (1776). Bd. 1. London 1994.

Th. Mommsen: Römische Geschichte. Bd. 5. Berlin 1885.

Nachwort

Leben und Werk des Tacitus

(von Ursula Blank-Sangmeister)

Über das Leben des Cornelius Tacitus, des bedeutendsten römischen Historikers, ist relativ wenig bekannt. Er wurde um das Jahr 55 n. Chr.[1] (vermutlich in Gallia Narbonensis oder Gallia Cisalpina) als Sohn eines römischen Ritters[2] geboren und kam als junger Mann zum Rhetorikstudium nach Rom, um sich auf eine Tätigkeit als Anwalt vorzubereiten und den *cursus honorum*, die Ämterlaufbahn, zu beschreiten. Aufgrund seiner Reden (nicht erhalten) machte er sich rasch einen Namen und heiratete im Jahr 77 – das erste gesicherte Datum seines Lebens – die einzige Tochter des Agricola, eines gallo-römischen Senators und Feldherrn (gest. 93). Ihm würde er später eine überaus wohlwollende Biographie widmen (siehe S. 125).

Wie Tacitus selbst angibt (*historiae* 1,1), gelangte er unter Kaiser Vespasian (reg. 69–79) zu Amt und Würden und wurde unter Titus (reg. 79–91) und Domitian (reg. 91–96) weiter befördert. Als Prätor des Jahres 88 war er, wie er in *annales* 11,11 berichtet, auch Mitglied des hochangesehenen Priesterkollegiums *quindecimviri sacris faciundis*, zustän-

1 Der jüngere Plinius (geb. 62 n. Chr.) bezeichnet sich in *epistulae* 7,20,3 als etwa gleichaltrig mit Tacitus und bekennt, dass er seit frühester Jugend diesem, seinem Freund, der bereits in Ruhm und Ehren stehe, habe nacheifern wollen.

2 Sofern er der Mann ist, den Plinius' Onkel erwähnt; vgl. Krebs 2011, S. 26. Als Angehöriger des Ritterstandes wäre er dann in Rom ein *homo novus* gewesen, da er als Erster seiner Familie Konsul wurde.

dig für die Ausrichtung der Säkularspiele, die Aufsicht über fremdländische Kulte und die Interpretation der Sibyllinischen Weissagungsbücher. Da der Posten des Prätors in der Regel verdienten älteren Staatsmännern oder jungen Adligen zuerkannt wurde, »zeugt die Ernennung des Tacitus entweder von außerordentlichen Leistungen oder von außerordentlicher Patronage; oder aber – vielleicht das Wahrscheinlichste – von einem Zusammentreffen beider Faktoren«.[3] Anschließend verbrachte Tacitus, möglicherweise als *legatus pro praetore*, vier Jahre fern von Rom. Im Jahr 97, zur Regierungszeit Nervas, hielt er als Suffektkonsul die Leichenrede auf seinen Amtsvorgänger, den Vindex-Bezwinger Verginius Rufus (Plinius, *epistulae* 2,1,6). Mit dem Konsulat hatte er das Amt erreicht, das damals, in der Kaiserzeit, zwar vorwiegend repräsentativer Art war, aber dennoch die politische Laufbahn krönte.

Mit dem jüngeren Plinius, der seine literarischen und anwaltlichen Interessen teilte, verband Tacitus eine enge Freundschaft.[4] Im Jahr 100 vertraten sie gemeinsam mit Erfolg die Anklage der Provinz Africa gegen den korrupten Prokonsul Marius Priscus (Plinius, *epistulae* 2,11). Ebenfalls gemeinsam wurden sie in dem Testament eines Lucius Dasumius bedacht (CIL VI 10229).

Wie eine Inschrift im kleinasiatischen Mylasa bezeugt, weilte Tacitus 112/113 als Prokonsul in der prestigeträchtigen Provinz Asia und bekleidete ein Amt, mit dem Kaiser Trajan (reg. 98–117) verdiente Gefolgsleute auszuzeichnen

3 Krebs 2011, S. 36.

4 In Plinius' Briefcorpus sind acht an Tacitus adressierte Briefe erhalten, darunter die berühmten Berichte über den Vesuvausbruch (*epistulae* 6,16 und 6,20).

pflegte. Danach verliert sich seine Spur, und auch sein Todesjahr ist, obwohl Bruchstücke einer Grabinschrift erhalten sind,[5] unbekannt.

Die früheste erhaltene Schrift des Tacitus, veröffentlicht etwa im Jahr 98, ist die Biographie seines Schwiegervaters Agricola (*de vita Iulii Agricolae*), ein Werk, das mehr ist als nur eine traditionelle Lebensbeschreibung. Nach vielen Jahren der Knechtschaft und ängstlichen Resignation unter Domitian – regimekritische Bücher wurden verbrannt, Philosophen vertrieben, Bürger bespitzelt, das geistige Leben und eine freie Geschichtsschreibung völlig unterdrückt – sei nun, wie Tacitus im Prooemium (*Agricola* 1–3) darlegt, unter den Kaisern Nerva und Trajan eine neue glückliche Zeit angebrochen. Daher wolle er, so sein historiographisches Programm, die Erinnerung an die frühere Knechtschaft wachrufen und das Glück der Gegenwart bezeugen, zunächst jedoch die Leistungen seines politisch und militärisch sehr erfolgreichen Schwiegervaters würdigen, der sich durch sein positives Wirken als Statthalter in Britannien den Neid Domitians zugezogen habe. Tacitus nimmt Agricola als *exemplum* dafür, dass man auch unter bösartigen Kaisern seine *virtus*, Tugend, unter Beweis stellen könne, ohne mit dem Regime kollaborieren zu müssen (*Agricola* 42,5).

Etwa zeitgleich mit dem *Agricola* dürfte die ethnographische Schrift *Germania* entstanden sein. Für sie ist Trajans zweites Konsulat (vgl. *Germania* 37,2) der *terminus post quem*. Siehe dazu S. 108.

5 Sie bezeugt, dass Tacitus *quaestor Augusti* und *tribunus plebis* war, vgl. Birley 2000.

Der *Dialog über die Redner* (*dialogus de oratoribus*) dürfte zwischen 102 und 107 verfasst worden sein[6] und handelt von den Auswirkungen des Verlusts der Freiheit im Bereich der Redekunst. In diesem Gespräch, angesiedelt in den 70er Jahren, diskutieren der Redner Marcus Aper, der Poet Curiatius Maternus und Vipstanus Messalla über das Verhältnis der Rhetorik zu anderen Sparten der Literatur und über die politischen und sozialen Ursachen des Verfalls der römischen Redekunst seit Ciceros Tod (43 v. Chr.). Dieser Verfall wurzelt in der »fortschreitende(n) Befriedigung des öffentliches Lebens«,[7] die die öffentlichen Debatten immer weiter einschränkte und verhinderte, dass sich ein Redner profilieren konnte.

Anders als in der Einleitung seines *Agricola* angekündigt, widmet sich Tacitus in seinem ersten großen historischen Werk (entstanden um 105–110) nicht der positiven Gegenwart und der Regierung Nervas und Trajans – dieses Projekt will er, wie er schreibt, für sein Alter aufsparen (*historiae* 1,1), sollte es allerdings nie verwirklichen –, sondern einer früheren Epoche, der Zeit vom Chaos des Vierkaiserjahres bis zum Sturz Domitians (69–96 n. Chr.). Von diesen – auf 12 oder 14 Bücher angelegten[8] – *Historien* (*historiae*) sind allerdings nur die Bücher 1–4 und der Anfang des 5. (bis zum Bataveraufstand) auf die Nachwelt gekommen. Sie sind, wie der Autor selbst angibt, »reich an Missgeschick, an

6 Flaig 2001, Sp. 1210.

7 Flach 1989, S. 28.

8 Hieronymus (*commentarius in Zachariam* 3,14) erwähnt, Tacitus habe 30 Bücher über die Kaisergeschichte vom Ende des Augustus bis zum Tod Domitians verfasst. Daraus ergeben sich für die *historiae* zwölf oder 14 und für die *annales* 16 oder 18 Bücher.

Schlachtengräueln, zwietrachterfüllten Meutereien, ja selbst an Schreckenstaten in Friedenszeiten«, und ungeachtet etlicher positiver Verhaltensweisen und Begebenheiten lässt die Geschichte erkennen, »dass den Göttern an unserem sorgenfreien Leben nichts gelegen ist, wohl aber an einem Strafgericht« (1,2,1 und 1,3,2).[9] Plinius war von der Schrift seines Freundes so begeistert, dass er ihr Unsterblichkeit prophezeite (*epistulae* 7,33,1).

Von einer noch früheren Periode handeln die nach den *Historien* verfassten 16 oder 18 Bücher[10] der *Annalen* (*annales*; handschriftlich überliefert ist der Titel *ab excessu divi Augusti* – vom Tod des göttlichen Augustus an), die den Zeitraum vom Tod des Augustus, also vom Begründer des Prinzipats, bis zum Ende Neros (im Jahr 68) umfassten. Auch hier ist die Überlieferung trümmerhaft. So fehlen die Jahre 29–31, 37–47 und 66–68. Das Werk beschäftigt sich mit den verheerenden Auswirkungen der Einmannherrschaft auf die Regierenden wie auf die Untergebenen: Freiheit gibt es nur in der inneren Emigration. Aufgrund seiner entlarvenden Charakterschilderungen, seiner politischen Analysen und seines strengen Moralismus gelten die *Annalen* als Tacitus' Meisterwerk.

In der Einleitung der *annales* greift der Autor einen Gedanken aus der Vorrede der *historiae*, die Verpflichtung zu Neutralität,[11] wieder auf, wenn er bekundet, er wolle sein Thema *sine ira et studio*, ohne Zorn und Eifer (*annales* 1,1),

9 Zit. nach Krebs 2011, S. 51.

10 Siehe Anm. 8.

11 »Wer sich zu unverbrüchlicher Treue bekannt hat, der darf bei seinen Ausführungen weder Zuneigung noch Hass walten lassen« (*historiae* 1,1,3, Übers. W. Sontheimer).

also unparteiisch, abhandeln. Davon ist er allerdings weit entfernt. Zwar sieht er die geschichtliche Notwendigkeit der neuen Staatsform durchaus ein, steht aber dem Prinzipat grundsätzlich kritisch gegenüber und erweist sich als leidenschaftlicher Kritiker des kaiserlichen Despotismus. In seiner – sehr kunstvoll gestalteten – Geschichtsschreibung fühlte sich der Autor gewiss der Wahrheit verpflichtet, doch die Auswahl der geschilderten Ereignisse und Personen ist weniger von deren historischer als von deren moralischer Bedeutung bestimmt. So ist die moderne Geschichtswissenschaft teilweise, etwa bei der Beurteilung der Leistungen des Kaisers Tiberius, zu ganz anderen (und viel positiveren) Ergebnissen gekommen.

Der eigentliche Zweck von Tacitus' historischen Schriften »besteht ... darin, einen bestimmten Kodex von Normen einzuschärfen. Es ist der Kodex der republikanischen Aristokratie, der im taciteischen Werk zum letzten Mal Gestalt annimmt: die bedeutende Leistung (*virtus*), der rühmende Preis (*gloria*), die innere und äußere Freiheit (*libertas*) als die Bedingung von Leistung und Ruhm.«[12]

Zur *Germania*

Ein antiker Titel ist nicht überliefert. Der jetzt übliche Name *de origine et situ Germanorum* (*Über Ursprung und Sitz der Germanen*) stammt aus dem 15. Jahrhundert – *Germania* ist nur ein »Arbeitstitel«.

12 Fuhrmann 1972, S. 96.

Inhalt und Aufbau

Die Schrift besteht aus zwei Hauptteilen: Der erste handelt, wie Tacitus in 27,2 ausdrücklich vermerkt, vom Ursprung und von den Sitten aller Germanen, der zweite von den Besonderheiten der einzelnen Stämme.

Die erste Hälfte ist wiederum dreigeteilt: In einer allgemeinen Einführung (Kap. 1–5) werden die geographische Lage Germaniens, der Ursprung, die Namen und körperlichen Eigenschaften der Bewohner sowie die Natur des Landes, sein Klima, seine Erzeugnisse und Bodenschätze vorgestellt. Der zweite Abschnitt (Kap. 6–15) ist ausgewählten Aspekten des öffentlichen Lebens gewidmet: Kriegswesen, Wahl der Anführer, Rolle der Frau, Religion, Volksversammlung, Gerichtsbarkeit, Gefolgschaftswesen. Der dritte Abschnitt (Kap. 16 – 27,1) befasst sich mit dem Privatleben der Germanen: Es geht um Siedlungsweise, Kleidung, Familie, soziale Beziehungen, Tagesablauf, Ernährung, Freizeitvergnügen, gesellschaftliche Strukturen, Arbeit in der Landwirtschaft und die Bestattungskultur.

Zu Beginn der einzelnen Abschnitte – die Kapitelzählung stammt natürlich erst aus der Neuzeit – wird häufig das Thema der nachfolgenden Ausführungen stichwortartig genannt. In der Regel sind die jeweiligen Rubriken klar voneinander abgegrenzt, bisweilen aber auch durch ein gemeinsames Motiv assoziativ miteinander verbunden. So leitet etwa der Mangel des Landes an Edelmetallen (Kap. 5) zum Mangel an Eisen und damit zur Bewaffnung der germanischen Krieger über (Kap. 6). Die scheinbar allzu freizügige Kleidung der Germaninnen (Kap. 17) bildet den Anknüpfungspunkt für die Ausführungen über die Ehe und die Sittsamkeit der Frauen (Kap. 18 f.).

Während der Autor in der ersten Werkhälfte seine Ausführungen (erwartungsgemäß) nach inhaltlichen Kriterien ordnet, ist im zweiten Abschnitt die Geographie das oberste Gliederungsprinzip.[13] Nach einer Beschreibung der Völkerschaften links des Rheins (Kap. 28 f.) behandelt Tacitus ab Kap. 30 zunächst die rechts des Rheins ansässigen nicht-suebischen Stämme. In Kap. 37 (etwa in der Mitte des zweiten Hauptteils) bieten die Kimbern die Gelegenheit zu einem historischen Rückblick auf die römisch-germanischen Auseinandersetzungen und die Gefährlichkeit der Germanen.

In Kap. 38–45, nach einer Beschreibung des für alle Sueben charakteristischen Haarknotens, befasst sich Tacitus mit den suebischen Stämmen. In seinen Schilderungen schreitet er von West nach Ost fort und »ordnet die ansteigende Wildheit der Stämme proportional zur Entfernung vom röm. Reich an«.[14]

Um seiner Leserschaft angesichts der Fülle von Einzelstämmen die Übersicht zu erleichtern, gibt Tacitus gelegentlich einige örtliche Orientierungshilfen – z. B.: »Bis jetzt haben wir den Westen Germaniens kennengelernt. Im Norden ...« (35,1); »so wie ich gerade eben dem Rhein gefolgt bin, möchte ich jetzt der Donau folgen« (41,1); »Hier endet das Land der Sueben« (46,1).

13 Tacitus' Inhaltsangabe für den zweiten Teil (27,2) ist etwas ungenau, insofern die nichtgermanischen Völker, die diesen Teil einrahmen, nicht berücksichtigt sind, ebenso wenig wie die Fabelvölker am Ende von Kap. 46.

14 Flaig 2001, Sp. 1209.

Innerhalb der – nicht immer stimmigen – geographischen Einheiten wird indes noch weiter differenziert: Die einzelnen Stämme werden, in (meist unausgesprochen) losem Bezug zu Rom, nach bisweilen etwas zufällig wirkenden ethnischen, charakterlichen, kultischen, politischen oder militärischen Kriterien gruppiert. Ein roter Faden ist nicht immer erkennbar: »Völkernamen und einzelne Details folgen willkürlich aufeinander, mit dem Realitätsgehalt verliert die Darstellung auch ihre innere Ordnung und endet sozusagen im doppelten Sinne im Niemandsland.«[15]

Quellen

Germania omnis ...: Mit diesen Anfangsworten erinnert Tacitus an den Beginn von Caesars *de bello Gallico* (*Gallia est omnis divisa ...*) und verweist damit auf eine seiner wichtigsten Quellen. Im dann Folgenden ist Caesar der Einzige seiner Gewährleute, den er namentlich erwähnt (»Dass die Gallier einst stärker waren, überliefert meine hervorragendste Quelle, der göttliche Iulius«, 28,1). Ansonsten belässt er es bei unbestimmten Angaben: »Manche behaupten« (2,2), »angeblich« (8,1 u. ö.), »wir haben in Erfahrung gebracht« (27,2), »wie es heißt« (33,1) usw. Von den anderen Autoren, auf die er sich bei seinen Recherchen gestützt haben muss, sind keine Texte auf die Nachwelt ge-

15 Schmal [3]2011, S. 33. – Ganz anders die Bewertung bei Perl 1990, S. 32: Der Autor »hat den zweiten Teil besonders sorgfältig und kunstvoll gestaltet, um einer eintönigen und ermüdenden Aufzählung entgegenzuwirken und trotz aller Vielfalt ein aufeinander abgestimmtes und aussagekräftiges Bild zu erhalten«.

kommen, die gänzlich eindeutige Parallelen mit der *Germania* aufweisen. Welche Landkarte Tacitus vorlag, lässt sich ebenfalls nicht mehr rekonstruieren.

Von den verlorenen Texten antiker Autoren kommen als mögliche Hauptquellen vor allem die umfangreichen *Germanenkriege* des älteren Plinius,[16] der Germanenexkurs des Livius[17] und Aufidius Bassus, *libri belli Germanici*, infrage. Die Ausführungen über den Bernstein (45,4 f.) basieren auf der *Naturgeschichte* des älteren Plinius[18] oder auch auf einer von Plinius und Tacitus gemeinsam benutzten Quelle. Mit Sicherheit ist Tacitus auch der bis auf Herodot (5. Jahrhundert v. Chr.) zurückgehenden ethnographischen Tradition der Griechen und Römer verpflichtet. Ob er etwa die zehn Kapitel aus den *Geographika* des Griechen Strabon (um 63 v. Chr. – 23 n. Chr.), die von den Germanen handeln, kannte, weiß man nicht. Dieser Tradition entstammen die sog. Wandermotive (Eduard Norden), klischeehafte, teils idealisierende Vorstellungen über Naturvölker, die von einem Volk auf das andere übertragen wurden, etwa hinsichtlich ihrer Reinblütigkeit, ihrer Ernährungsweise oder Geringschätzung von Gold.

In seinen Ausführungen stützte sich Tacitus nicht nur auf (aus unterschiedlichen Zeiten stammende) schriftliche Quellen, sondern gewiss auch auf mündliche Berichte etwa

16 Vgl. Plinius, *epistulae* 3,5,4: Unter den Werken des älteren Plinius, seines Onkels, erwähnt er »20 Bücher über die Germanenkriege, in denen er alle Kriege, die wir mit den Germanen geführt haben, versammelt«.

17 Vgl. Livius, *periochae* 104: »der erste Teil des Buches enthält die Lage Germaniens und (seine) Sitten«.

18 37,11 f.

von »eingeborenen Informanten«[19], von Soldaten und Kaufleuten, die Germanien aus eigener Anschauung kannten oder Kontakt mit Germanen hatten. Tacitus selbst war, wie es scheint, niemals in Germanien gewesen und somit gänzlich auf die Auskünfte anderer angewiesen.

Im Umgang mit den Quellen, die ja nicht immer gleich gelautet haben dürften, fällt auf, dass der Autor in der Regel auf eine explizite Auseinandersetzung verzichtet, keine eigene Meinung äußert und die Dinge offenlässt – Beispiele: »Diese Behauptungen will ich weder mit Beweisen untermauern noch widerlegen: Jeder möge ihnen nach eigenem Gutdünken Glauben schenken oder ihnen den Glauben verweigern« (3,3); »habe ich nicht genau herausfinden können« (9,1); »sei es dass dieser (wirklich) dorthin gekommen ist, sei es dass wir uns angewöhnt haben, alles Großartige auf Erden mit diesem berühmten Helden in Verbindung zu bringen« (34,2); »Dies möchte ich, weil es noch unerforscht ist, dahingestellt sein lassen« (46,4). Es gibt allerdings auch Ausnahmen, etwa »wie ich zu glauben geneigt bin« (2,1) oder »Ich selbst schließe mich denjenigen an, nach deren Ansicht …« (Kap. 4).

Meist unterlässt Tacitus es, seine persönlichen Meinungen ausdrücklich als solche zu kennzeichnen, trennt also nicht zwischen (vermeintlichem) Faktum und Interpretation. Dabei unterstellt er den Germanen Motive, die auf seiner eigenen Weltanschauung (*interpretatio Romana*) beruhen, etwa wenn er behauptet, die Germanen würden

19 Lund 1988, S. 18. Sie sind, da es ja keine von Germanen verfassten schriftlichen Zeugnisse gibt, die einzigen Gewährsleute, die nicht von außen auf die Germanen schauen.

hohe und aufwendige Grabdenkmäler als Last für die Verstorbenen ablehnen (27,1). Diese Haltung zeigt sich auch besonders in den sentenziös zugespitzten Betrachtungen, mit denen er des Öfteren einen Abschnitt beschließt; vgl. etwa: »und durch die guten Sitten wird dort mehr erreicht als andernorts durch gute Gesetze« (19,2); »Für die Frauen ziemt sich die Klage, für die Männer stilles Gedenken« (27,1).

Eine ethnographische Monographie

In der Antike war die Ethnographie keine eigenständige Gattung, sondern Teil der Geographie und der Geschichtsschreibung. Die Tradition des völkerkundlichen Exkurses wurde, wie schon erwähnt, von Herodot begründet, und Tacitus folgt ihr sowohl in seinem *Agricola* (10–17: Britannierexkurs) als auch in seinen *historiae* (5,1–13: Judenexkurs).[20]

Allen diesen Exkursen ist gemeinsam, dass ihnen ein Standardkatalog von Fragen und Topoi[21] zugrunde liegt, auf die der Autor einzugehen hat. Dazu gehören etwa die Grenzen und die Topographie des Landes, der Ursprung ihrer Bewohner (Ureinwohner oder Einwanderer?), ihre Einstellung zur Religion oder zu Edelmetallen, ihre – vom Klima abhängigen – körperlichen und charakterlichen Eigenschaften sowie ihre Sitten und Gebräuche (etwa: tempelloser Gottesdienst, fehlende Götterbilder, keine Verwendung von Münzen). Dabei geht es gewiss um eine möglichst wahrheitsgemäße Darstellung, nicht aber um

20 Andere bekannte römische Beispiele sind etwa die Gallier- und Germanenexkurse in Caesar, *de bello Gallico* 6,11–20 und 6,21–28.
21 Im Sinne von »Themen« oder »Klischees«, vgl. Bringmann 1989, S. 60 ff.

wissenschaftliche Vollständigkeit; das Hauptinteresse gilt dem Fremdartigen und dem (für das Anliegen des Autors und das Interesse seiner intendierten Leserschaft) Relevanten. »Man könnte es geradezu als seine Methode im ersten Teil der *Germania* bezeichnen, den Römern die fremde Welt der Germanen durch Parallelisierung und Konfrontierung mit der eigenen verständlich zu machen.«[22]

Wie steht es um die faktische Verlässlichkeit seiner Ausführungen? Manche Phänomene, wie etwa der Suebenknoten (Kap. 38) oder Formen der Bestattung (Kap. 27) sind archäologisch verifizierbar, doch in den meisten Fällen lassen sich Tacitus' Schilderungen anhand sonstiger Quellen nicht überprüfen. Die Frage der Glaubwürdigkeit wird noch weiter dadurch verkompliziert, dass die Beschreibung von Wesenszügen oder bestimmten Sitten und Gebräuchen zwar ein Barbarentopos sein mag, aber dennoch der germanischen Wirklichkeit entsprochen haben könnte. »Im Vergleich zu anderen griechischen und römischen Darstellungen fremder Völker ... wirkt die *Germania* tatsächlich wie ein Mosaik griechischer und römischer Klischees ... Das soll nicht heißen, dass die *Germania* als historische Quelle völlig nutzlos wäre. Doch die Germanen, die uns in Tacitus' Schilderungen begegnen, sind in vielerlei Hinsicht typische Vertreter der Barbaren aus dem Norden, im Rahmen der griechischen und römischen ethnografischen Tradition von einem Autor skizziert, der zumindest mit einem Auge auf Rom und das Reich blickte.«[23]

22 Bringmann 1989, S. 77.
23 Krebs 2011, S. 47.

Absicht

Die *Germania* fällt insofern aus dem Rahmen, als sie in der gesamten antiken Literatur die einzige (überlieferte) Einzelschrift über ein fremdes Volk darstellt. Da sowohl eine Vorrede als auch ein expliziter Schluss fehlen, haben manche frühere Forscher[24] vermutet, die *Germania* sei ein Exkurs der *historiae*, der sich verselbstständigt habe, was aber angesichts des Umfangs und der sehr kunstvollen Komposition wenig wahrscheinlich ist. Aufgrund der Tatsache, dass Tacitus auf eine Einführung in seine Schrift verzichtet, sind wir hinsichtlich seines persönlichen Interesses an dem Thema sowie seiner möglichen Absichten auf Mutmaßungen angewiesen.

Einer früheren, bereits auf die Humanisten zurückgehenden Theorie zufolge diente das Bild der Germanen, das der Autor in seiner Monographie entwirft, der Absicht, seinen Landsleuten einen »Sittenspiegel« vorzuhalten. Dafür spricht sein »Moralismus«, da er – von ihm als positiv bewertete – Phänomene in Germanien zum Anlass nimmt, die (beklagenswerten) Verhältnisse in der römischen Gesellschaft explizit oder häufiger implizit zu kritisieren. Im Vergleich mit den Germanen schneiden die Römer fast immer schlechter ab.[25]

Für Tacitus ist der typische Germane »von Natur aus stattlich und kräftig, aber nur von geringer Ausdauer, in

24 Etwa Wissowa 1921, S. 14–31. Vgl. dazu Lund 1991a, S. 2192.

25 Vgl. Flach 1989, S. 36–38. Als Beispiele nennt er etwa die Schauspiele, den Einsatz der Pferde, die Verehrung von Seherinnen aus echter Frömmigkeit, die eheliche Treue, das Verhältnis zum Kind oder die Stellung der Freigelassenen.

seiner gesamten Lebensführung äußerst bescheiden, ja armselig, ausgestattet mit unverbildeten religiösen Vorstellungen und hohen sittlichen Grundsätzen, politisch und gesellschaftlich organisiert, freiheitsliebend, tapfer und wehrtüchtig, dabei treu, offen und unverstellt, aber auch rigoros bis zum Starrsinn, dem Müßiggang erlegen, trunksüchtig und der Spielleidenschaft verfallen«.[26] Die Germanen sind also, bei aller Sympathie, nicht generell als Vorbild gezeichnet, ihre negativen Wesenszüge werden eindeutig benannt, und selbst ihre positiven Eigenschaften sind häufig ambivalent dargestellt. So verhindert beispielsweise die Tapferkeit, mit der die Germanen ihre Freiheit verteidigen, sonstige kulturelle Bestrebungen, und ihr Drang nach Unabhängigkeit macht zwar den römischen Soldaten zu schaffen, führt jedoch auch zu blutigen Auseinandersetzungen zwischen den einzelnen Stämmen.[27]

So lässt sich die freiheitliche, aber primitive Lebensordnung der Germanen keinesfalls auf die Römer übertragen, und die Sittenspiegeltheorie »mutet dem Werk ... einen Appellcharakter zu, den es nicht hat. Es ist eine Ansicht, die der Naivität und dem Patriotismus der frühen Humanisten entstammt und als solche keiner, auch keiner polemischen Erwähnung wert ist.«[28]

Auch wenn die *Germania* nicht in erster Linie als »Sittenspiegel« intendiert ist, transportiert sie dennoch eine moralische Botschaft. Denn die bei den Germanen herrschende Einfachheit und Freiheit, ihr Streben nach Ehre

26 Urban 1989, S. 94.
27 Vgl. Krebs 2011, S. 44 f.
28 Timpe 1989, S. 110.

und Ruhm, basierend auf Leistung und Verdienst, ermöglichen das Dasein, das Tacitus' Vorstellungen und Normen, »dem herkömmlichen römischen Adelskodex«, entspricht. Die »Germanen dienen ihm weithin als Kontrast zu seinem römischen Milieu, zu einer korrupten, unfreien und kriegerischer Leistung nicht mehr fähigen Umwelt ... Offensichtlich hat gerade der Druck der taciteischen Weltzerfallenheit die für ihre Zeit durchaus ungewöhnliche Begegnung mit dem Fremden ermöglicht; aus diesem Grunde ist die *Germania* ein Dokument der Humanität.«[29]

Einer anderen weit verbreiteten Theorie zufolge ist die *Germania* eine tagespolitische Schrift: Als der Autor im Jahr 98 sein Werk beendete, hatte Trajan, von seinem Vorgänger Nerva adoptiert, gerade den Kaiserthron bestiegen. Als vormaliger Statthalter der Provinz Germania superior hatte er die Rheingrenze stabilisiert und seine Erfolge auf seinen ersten Goldmünzen mit der Darstellung einer sitzenden Germania mit dem Ölzweig, dem Symbol des Friedens, gefeiert. Die Umschrift lautete: *Germania pacata* – »Germanien (ist) befriedet«. Trajans Vorvorgänger, der verhasste Domitian, hatte sich ebenfalls als Sieger über die Germanen (die Chatten) gerühmt, einen Triumph gefeiert und Münzen mit der Aufschrift *Germania capta* prägen lassen (85 n. Chr.) – »Germanien (ist) eingenommen«.

In dem berühmten Kap. 37 seiner *Germania* analysiert Tacitus die historische Situation und weist die Germanen als die gefährlichsten Gegner Roms aus, die, im Gegensatz zur anders lautenden kaiserlichen Propaganda, noch immer nicht endgültig besiegt sind (»In jüngster Zeit hat man

29 Fuhrmann 1972, S. 104.

mehr Triumphe als wirkliche Siege über sie gefeiert«, 37,5).[30] Vor diesem Hintergrund erklärt sich ein mögliches Interesse an den Germanen, die immer wieder den universalen (und nie infrage gestellten) Herrschaftsanspruch Roms bedrohen: »Im Gegensatz zum offiziellen Geschichtsbild, für das es kein Problem Germanien mehr gab, verfaßte Tacitus seine ethnographische Monographie als historische Denkschrift über die geschichtliche Wirklichkeit, über die wahre Lage in Germanien ... Die bessere Kenntnis des Gegners, wie er sie vermittelt, ermöglicht, die Lage richtig zu beurteilen und danach das eigene Handeln zu richten. Der Propaganda stellt er als Gegenbild die Wahrheit gegenüber oder vielmehr: seine Wahrheit.«[31] Es geht ihm also nicht vorrangig darum, seiner römischen Leserschaft Kenntnisse über die Germanen als solche zu vermitteln, sondern er möchte »das merkwürdige Faktum« erklären, »wie sich diese jähzornigen, aber freiheitsliebenden Germanen, obwohl sie in einer unorganisierten Gesellschaft leben, aufgrund ihrer angeborenen Wildheit bis jetzt als unbesiegbar erwiesen haben«.[32] Damit könnte der Appell verbunden sein, die Germanen ein für alle Mal zu unterwerfen, aber denkbar wäre auch, dass der Autor seine Landsleute vor der Un-

30 Daher hatte Tacitus auch in 33,2 die selbstmörderischen Kämpfe zwischen verfeindeten Germanenstämmen mit Genugtuung betrachtet: »Möge doch, so meine Bitte, bei diesen Völkern, wenn schon nicht die Liebe zu uns, doch zumindest der Hass aufeinander andauern, weil ja das Schicksal, wenn das Reich in Bedrängnis ist, nichts Größeres schenken kann als die Zwietracht der Feinde.«

31 Perl 1990, S. 23.

32 Lund 1988, S. 55.

besiegbarkeit des wilden Volks im Norden habe warnen wollen.

Wie dem auch sei, es bleibt eine offene Frage, weshalb Tacitus für seine politische Stellungnahme, wenn es denn eine war, den »Umweg« über eine so kunstvoll gestaltete ethnographische Schrift eingeschlagen haben sollte. Johannes Saltzwedel bringt es auf den Punkt: »Jahrhundertelang haben Philologen und Althistoriker den Text analysiert, doch wozu genau die musterhaft übersichtlich gegliederte Schrift hätte dienen können, weiß letztlich keiner genau.«[33]

Zur Rezeptionsgeschichte
(von Andreas Fahrmeir)

Tacitus' *Germania* wurde im 15. Jahrhundert wiederentdeckt. Eine vermutlich im Rahmen der »Karolingischen Renaissance« des 8. Jahrhunderts entstandene Abschrift befand sich in der Bibliothek der Abtei Fulda; im 9. Jahrhundert zitierte Rudolf von Fulda daraus. Da der Text danach wohl mindestens einmal abgeschrieben wurde,[34] blieb seine Existenz den Bibliothekaren vermutlich bekannt; als besonders relevant wurde er aber offenbar nicht angesehen. Dass sich das änderte, war eine Folge des von Italien ausgehenden Humanismus mit seinem Interesse, im Zuge einer »Renaissance« (Wiedergeburt) der Antike das erst in diesem Kontext so benannte »Mittelalter« hinter sich zu las-

33 »Wesen der Germanen. Land der Biertrinker«: https://www.spiegel.de/spiegelgeschichte/roemischer-historiker-tacitus-ueber-das-wesen-der-germanen-a-890966.html.

34 Furneaux 1894, S. 1 f.

sen. Damit wurden originalgetreu überlieferte antike Texte wertvoll und begehrt. Das wiederum führte dazu, dass Gelehrte, Sammler und Händler die Bestände der Bibliotheken Europas systematisch nach ihnen durchsuchten, um entweder ursprünglichere Fassungen bekannter Titel, bislang unbekannte, aber an anderen Orten erwähnte Texte oder vollends unbekannte Werke aufzuspüren. Waren sie einmal identifiziert, konnten Handschriften als Spekulationsobjekt dienen: Man verkaufte sie gewinnbringend weiter, sicherte sich mit ihnen als Geschenken die Gunst der Herrschenden oder befruchtete die eigenen Forschungen. Zuerst wurden die literarischen Schätze Italiens gesichtet; seit dem Beginn des 15. Jahrhunderts richtete sich die Aufmerksamkeit verstärkt auf Bibliotheken nördlich der Alpen. Die Konzilien von Konstanz (1414–18) und vor allem Basel (1431–49), die zahlreiche kirchliche und weltliche Würdenträger sowie ihre gelehrten Räte in die Region führten und neue Kontakte ermöglichten, verliehen dieser Suche besondere Impulse.

Seit den 1420er Jahren fanden sich in der gelehrten Korrespondenz in Gestalt kurzer Auszüge Hinweise auf Schriften des Tacitus, die in Hersfeld oder Fulda aufbewahrt wurden. Zugang zu ihnen erhielt jedoch zunächst niemand. Erst 1455 gelangte das Manuskript auf verschlungenen Wegen, die Christopher R. Krebs so weit wie möglich aufgeklärt hat, nach Rom. Es war für Papst Nikolaus V. bestimmt gewesen, der aber im März des Jahres starb; Empfänger war statt seiner der kaiserliche Rat, päpstliche Legat und Bischof von Siena Enea Silvio Piccolomini.[35]

35 Krebs 2011, S. 66–85.

Als Tacitus' Text auftauchte, war eine Medienrevolution im Gange. 1454 hatte Gutenberg am Rande der Reichsversammlung von Frankfurt, an der auch Enea Silvio teilgenommen hatte, die Technik des Buchdrucks mit beweglichen Lettern demonstriert; parallel dazu blieb die Vervielfältigung von Texten durch Abschreiben noch lange ebenso üblich wie der Wiegendruck, bei dem die einzelnen Seiten als Holzschnitte erstellt wurden. Entsprechend verbreitete sich der Inhalt des Manuskripts in verschiedenen Medien, und zwar unterschiedlich schnell. Vorreiter war das Zitat: Enea Silvio übernahm Informationen aus Tacitus' Manuskript zu den Sitten der Germanen in Reden sowie 1458 in einem zur weiten Verbreitung bestimmten ausführlichen Brieftraktat in drei Bänden an den Mainzer gelehrten Rat Martin Mair, der sich mit der Geschichte und Gegenwart »Germaniens« befasste und in der 1515 erschienenen Druckausgabe ebenfalls den Titel »Germania« erhielt. Seit etwa 1460 erlaubte Enea Silvio, der 1458 als Pius II. Papst geworden war, die Anfertigung handschriftlicher Kopien des Tacitus-Manuskripts. Schließlich wurde der Text gedruckt: 1471 in Venedig und 1473 in Nürnberg,[36] allerdings blieb große Furore zunächst aus. Intensiv rezipiert und diskutiert sowie durch weitere Nachdrucke für gelehrte Kreise leicht verfügbar wurde Tacitus' *Germania* erst seit den 1490er Jahren; 1496 erschien auch Pius' II. *De ritu, situ, moribus et condicione theutonie descriptio* (*Beschreibung der Gebräuche, Lage, Sitten und Zustände Deutschlands*) erstmals im Druck.[37]

36 Datumsangaben nach dem *Incunabula Short Title Catalogue*, https://data.cerl.org/istc/_search.

37 Leipzig 1496. Vgl. Helmrath 1994, S. 254–256.

Inhaltlich ließ sich Tacitus' Text vor allem in zwei Kontexten nutzen. Ein beherrschendes Thema politischer Debatten war die fortschreitende Expansion des Osmanischen Reiches in Richtung Europa, die mit der Eroberung von Konstantinopel 1453 einen vorläufigen Höhepunkt erreicht hatte. Enea Silvio war damit betraut, eine europäische Abwehrfront zu organisieren, die idealerweise unter päpstlicher Führung stehen sollte. Betrachtete man die von Tacitus beschriebenen Germanen als die unmittelbaren Vorfahren der gegenwärtigen Deutschen, so konnten Erinnerungen an historische Vorbilder – etwa kriegerische Tugenden, aber auch Defizite in der politischen Selbstorganisation, die eine auswärtige Leitung eines Feldzugs nahelegten (Kap. 6, 11 und 15) – zur Mobilisierung der Reichsstände nützlich sein.

Noch interessanter war der Text freilich in einem anderen Kontext, nämlich dem der Diskussion über den Rang und die relative Bedeutung unterschiedlicher europäischer Kulturen. Diese Debatte, die im Wesentlichen in den elitären, gelehrten Zirkeln von Studenten und Gelehrten stattfand und ganz überwiegend in lateinischer Sprache ablief, hat Christoph Hirschi als »Wettkampf der Nationen« bezeichnet.[38] Es war dieser Zusammenhang, der das wachsende Interesse für den Text seit den 1490er Jahren prägte.

In beiden Kontexten waren zwei Lesarten möglich, die sich im Fall Enea Silvios sogar bei ein und demselben Autor fanden.[39] Eine stellte Kontinuitäten heraus: Aus den Angaben zur Antike ließen sich so unmittelbar Rückschlüsse auf die Eigenarten der gegenwärtigen Bewohnerinnen und Be-

38 Hirschi 2005.

39 Helmrath 1994, S. 255 f.

wohner derselben Region ziehen. Die andere betonte Unterschiede: Sie machte deutlich, wie groß der Abstand zwischen den von Tacitus geschilderten primitiven baulichen, wirtschaftlichen und gesellschaftlichen Verhältnissen der antiken Germanen und Wohlstand, Macht und Bildungsbeflissenheit des modernen »Germanien« war.

Allerdings warf die Schrift darüber hinausgehende Probleme auf, die mit der Frage zusammenhingen, ob es sich um eine zuverlässige, neutrale, oder um eine parteiische, feindselige Sichtweise handelte; das spielte gerade dann eine Rolle, wenn man eine enge Beziehung zwischen Germanen und Deutschen einerseits sowie Römern und Italienern andererseits sehen wollte. Vertreter der deutschen Position im (Bildungs-)Wettkampf der Nationen, die die Inhalte plausibel fanden und bereit waren, sich mit den Germanen zu identifizieren, mussten damit umgehen, dass Tacitus' Text zuerst in Italien verfasst, erneut wahrgenommen und erst von dort in Deutschland bekannt gemacht wurde – alles Tatsachen, die dazu angetan waren, diese Position zu schwächen. Vertreter der deutschen Position, die die Darstellung für verzerrt hielten, hatten dieses Problem weniger – zudem mussten sie sich die wenig schmeichelhaften Darstellungen der ungebildeten, trunksüchtigen und trägen Vorfahren nicht zu eigen machen.[40]

Allgemein stellten sich mit Blick auf das Werk drei Fragen, die die Rezeption bis heute begleiten. Die erste bezog sich auf den Text: Was genau hatte Tacitus eigentlich geschrieben? Die zweite betraf die Quellenkritik: Wie zuverlässig war das, was Tacitus berichtet hatte? Und die dritte bezog

40 Vgl. S. 139.

sich auf die Einordnung der Befunde in übergreifende Interpretationen der deutschen oder europäischen Geschichte.

Ebenso, wie die Entdeckung und Verbreitung des Textes ein grenzüberschreitendes Projekt gewesen war, lebte seine Rekonstruktion von europäischer Kooperation. Vor allem im Laufe des 19. Jahrhunderts wurde intensiv daran gearbeitet, kanonische Editionen wichtiger Texte zu erstellen. Dass es sich bei Tacitus' Ausführungen zu den Germanen um einen solchen Text handelte, stand dabei außer Zweifel. Da kein Original überliefert war, mussten die Editionen versuchen, durch den Rückgriff auf die Manuskripte des 15. Jahrhunderts, den Vergleich mit anderen Texten des Autors und den fortschreitenden Erkenntnissen der lateinischen Philologie eine autoritative Fassung zu erstellen. Wurden die Textvorschläge und ihre Begründung lange selbst in lateinischer Sprache publiziert, um sie unmittelbar international zugänglich zu machen,[41] so erschienen parallel fortlaufend Übersetzungen sowie Ausgaben für Lehr- und Studienzwecke, die mit Anmerkungen in der Sprache des Zielpublikums versehen wurden.[42]

Wie zuverlässig der Bericht inhaltlich war, ließ sich schwerer klären. Der Abgleich mit archäologischen Funden, deren Ansehen für die Rekonstruktion der Geschichte schriftloser Gruppen wie der Gallier und Germanen im Laufe der geschichtstheoretischen Diskussionen des 18. Jahrhunderts stetig wuchs,[43] war möglich; allerdings zeichneten gerade die Angaben zu Aspekten der germanischen

41 Vgl. Baitero 1877.

42 Vgl. z. B. Furneaux 1894.

43 Regazzoni 2020.

Gesellschaften wie Glaubenssysteme, Herrschaftsordnungen oder Abgrenzungen zwischen Stämmen, die sich durch materielle Überreste kaum unmittelbar bestätigen oder widerlegen ließen, Tacitus' ethnographische Perspektive aus. Das Urteil über die Zuverlässigkeit war daher eng mit der Frage verflochten, ob die Angaben im Rahmen übergreifender Interpretationen plausibel waren, was wiederum das Risiko in sich barg, dass der Text vor allem als Bestätigung solcher Interpretationen benutzt werden würde.

Dass Tacitus' *Germania* eine zuverlässige, für weitergehende Interpretationen geeignete Quelle war, schien lange unstrittig. In diesem Sinne griff etwa Montesquieu in seinem *De l'esprit des lois* (*Vom Geist der Gesetze*) 1758 auf das Buch zurück, in dem Tacitus, obgleich es so kurz sei, »alles gesehen« habe.[44] Das galt sowohl für die Details als auch für die großen Linien. Die Anmerkung zu den Suionen (44,3) belege einen allgemeinen Zusammenhang zwischen Luxus und Monarchie.[45] Die beschriebene Freiheit der Germanen (z. B. Kap. 11 und 25) habe dieselbe Form der Gewaltenteilung hervorgebracht, die Montesquieu im zeitgenössischen Großbritannien ausmachte. Tacitus belege, dass dieses »schöne« Regierungssystem seinen Ursprung »in den Wäldern« habe.[46] Der Text belegte aber noch mehr, nämlich die Entstehung von Herrschaftsordnungen aus der Summe der (Lebens-)Umstände: Frei waren die Germanen

44 Montesquieu, *De l'esprit des lois* XXX, 2.

45 Montesquieu, *De l'esprit des lois* VII, 4.

46 »Si l'on veut lire l'admirable ouvrage de Tacite *Sur les mœurs des Germains*, on verra que c'est d'eux que les Anglais ont tiré l'idée de leur gouvernement politique. Ce beau système a été trouvé dans les bois«, Montesquieu, *De l'esprit des Lois* XI, 6.

nur in ihren kleinen, ländlichen und armen Stämmen; durch die Expansion ins Römische Reich ging diese Freiheit später verloren.[47]

Friedrich Schiller ging 1789 insofern noch einen Schritt weiter, als er vorschlug, Tacitus' Einsichten durch den Vergleich mit ethnographischen Befunden aus Afrika und dem Pazifik zu validieren. Für ihn lieferten die Ergebnisse von Entdeckungsreisen einen »Spiegel«, um »den verlohrnen Anfang unseres Geschlechts« zu rekonstruieren. Dass sich das, was er in Reiseberichten über außereuropäische »Völkerschaften« erfuhr, mit den Berichten des Tacitus deckte, bestätigte, dass diese zutrafen: »So waren wir.«[48] Zugespitzt formuliert liefen solche Lesarten auf die Annahme hinaus, Tacitus' Aussagen über die Germanen seien »durchaus unfehlbar«.[49]

Allerdings wurde diese Annahme keineswegs allgemein geteilt. Edward Gibbon referierte 1776 im ersten Band seines Werkes über den Abstieg und Untergang des Römischen Reichs zwar die meisten von Tacitus' Angaben als richtig, betonte aber gleichwohl, die Vorstellung einer ursprünglichen Besiedelung Deutschlands durch Germanen (2,1) widerspreche der Vernunft.[50] Er griff dabei modernen Vorstellungen einer Ethnogenese, die zu vielfach wechselnden Selbst- und Fremdbeschreibungen führen konnte,[51] vor. Die Quellenkritik des 19. Jahrhunderts ging noch weiter. Merkwürdig schienen die geringe Zahl der

47 Montesquieu, *De l'esprit des Lois* XI, 8; XV, 10.

48 Zit. nach der Ausgabe Dann 2006, S. 13 f.

49 Becker 1830, S. 3.

50 Zit. nach der Ausgabe Womersley 1994, S. 233.

51 Meier 2019.

überlieferten Handschriften, die fehlenden Querverweise bei anderen Autoren, die Unsicherheit der philologischen Rekonstruktion und Widersprüche zu anderen historischen Werken der Zeit.[52] Das legte zwar keine Fälschung nahe, führte aber zur Unsicherheit darüber, ob es sich um einen selbstständigen Text, eine Skizze, eine Auskoppelung aus einem anderen Werk, einen moralischen Appell an die römische Gesellschaft, einen aus zweiter Hand zusammengestellten Überblick oder gar einen »Roman« handele.[53]

Das war eine besonders entscheidende Frage, als dem Text im Zeitalter zunehmend normierter Nations- und Nationalstaatsvorstellungen eine konstitutive Rolle für die Vergewisserung der deutschen Nation über ihre Ursprünge zugeschrieben wurde. Einerseits wurden Versuche unternommen, Tacitus' Aussagen durch die Korrelation mit archäologischen Belegen zu verifizieren, um sich gewissermaßen wieder an die These der Unfehlbarkeit anzunähern. Eine solche Sichtweise wurde in Ausgaben vertreten, die in ihren Annotationen geltend machten, der Text biete eine zuverlässige Beschreibung, aus der sich die geographische Verteilung der »Stämme« genau ableiten lasse.[54] Voraussetzung einer solchen Sichtweise war die Annahme, Tacitus habe von gut informierten Händlern und Reisenden Beschreibungen Germaniens aus erster Hand erhalten.[55] Für Theodor Mommsen waren solche Versuche nur begrenzt überzeugend. Seiner Ansicht nach blieben die möglichen

52 Becker 1830, bes. S. 4–17.
53 Vgl. Baumstark 1875, S. XIV.
54 Vgl. Zernial 1890.
55 Gudeman 1900.

Kenntnisse der germanischen Welt notwendigerweise unscharf; schließlich handele es sich bei Tacitus um eine »schillernde und in der Gedankenschablone des sinkenden Altertums befangene [...] Darstellung«,[56] die möglicherweise zur Kenntnis der Römer mehr beizutragen habe als zu der der Germanen.

Diese Debatte setzte sich in der Zwischenkriegszeit fort. Ein Vertreter der skeptischen Position war etwa Eduard Norden, der die Dekonstruktion von Tacitus als Quelle mit dem Argument weiter vorantrieb, zahlreiche Elemente von Tacitus' Germanendarstellung stellten Übernahmen aus anderen ethnographischen Beschreibungen der literarischen Tradition dar, deren Gültigkeit für die von Tacitus als Germanen bezeichneten Völker daher unklar blieb.[57]

Dem stand weiterhin der Versuch gegenüber, Tacitus' Text als realistische Darstellung zu lesen und darin Belege für aktuelle Geschichtsdeutungen zu finden. Dabei spielte im Zuge der Biologisierung von Volksvorstellungen die Rekonstruktion konkreter Abstammungsbeziehungen zwischen der gegenwärtigen Bevölkerung Europas und ihren prähistorischen Ursprüngen eine immer größere Rolle.

Für ein solches Programm lieferte Tacitus' Text zwei Momentaufnahmen: eine Beschreibung der Physiognomie und das Postulat, es handele sich bei den Germanen insgesamt um eine Bevölkerung, die sich nicht »vermischt« habe (Kap. 2 und 4). Das war – wie bereits Gibbon klar gewesen war – historisch nicht plausibel und anthropologisch keineswegs nachweisbar. Es ließ sich aber in das Weltbild

56 Mommsen 1885, Buch VIII, Kap. 4, S. 154.
57 Vgl. Benario 1990, S. 171 f.

der vor dem Ersten Weltkrieg aufgekommenen, in der Zwischenkriegszeit an Bedeutung gewinnenden und im Nationalsozialismus dominant werdenden völkischen Geschichtsinterpretation einbetten, dem zufolge vermeintliche »Rassen« die eigentlichen Subjekte historischer Prozesse waren. Umstritten ist freilich das Verhältnis von Ursache und Wirkung. Christopher Krebs sieht in Tacitus' Text selbst den Ursprung solcher Vorstellungen und macht geltend, dass sich die NS-Elite, vor allem Heinrich Himmler, vielfach auf ihn bezogen habe. Deutlich werde diese Tacitus-Obsession etwa in dem Versuch der SS, noch im Herbst 1943, als die alliierte Invasion Italiens bereits begonnen hatte, das älteste Manuskript des Textes an sich zu bringen und nach Deutschland zu überführen.[58] Martin A. Ruehl hat dagegen hervorgehoben, dass es erhebliche Spannungen zwischen der Taciteischen Beschreibung, die sich nur auf die Germanen bezog, und dem Versuch der Nationalsozialisten, die Existenz einer »nordischen« oder »arischen« Rasse zu belegen, gab und dass das Regime ein eher flexibles, mal enges, mal distanziertes Verhältnis zum Kult der alten Germanen, wie sie bei Tacitus erschienen, gepflegt habe.[59] Das änderte allerdings nichts daran, dass weite Teile der deutschen Wissenschaft sich bemühten, den Text in die Geschichtsinterpretation der Diktatur zu integrieren.

Dieser Versuch erwies sich insofern als langlebig, als einige entsprechende Kommentare nach 1945 gar nicht oder kaum verändert wiederaufgelegt wurden und teilweise ei-

58 Krebs 2011, S. 9 f.
59 Ruehl 2014, S. 141–143.

ne völkische Subkultur beeinflussten, die Ruehl als »Teutomanie« der Nachkriegszeit bezeichnet.[60]

Dagegen knüpften die meisten Interpretationen an die differenzierten, die Ambivalenzen des Textes und die Unklarheiten, die sich mit ihm verbinden, betonenden Deutungen an. Unumstritten ist, dass der Text eine zentrale Quelle ist und damit einen wichtigen Referenzpunkt für die Wahrnehmung »Germaniens« und seiner Bewohnerinnen und Bewohner in Rom, eine Projektionsfläche für historische Großnarrative und ein Objekt der Dekonstruktion darstellt. Er bleibt also notwendigerweise Gegenstand von Kontroversen, die sowohl seine Inhalte als auch seine Wirkungen betreffen. Unwahrscheinlich ist nur eines: Dass er bald wieder im Vergessen einer Klosterbibliothek verschwinden könnte.

60 Ruehl 2014, S. 145 f.

Inhalt